U0603572

# 春芽萌动

## 小学实践育人的新样态

胡旭东◇著

BUDS OF SPRING

A NEW PARADIGM FOR PRIMARY SCHOOL PRACTICAL EDUCATION

ZHEJIANG UNIVERSITY PRESS

浙江大学出版社

·杭州·

图书在版编目（CIP）数据

春芽萌动 : 小学实践育人的新样态 / 胡旭东著. 杭州 : 浙江大学出版社, 2025. 5. -- ISBN 978-7-308-25970-5

Ⅰ. G622.0

中国国家版本馆 CIP 数据核字第 2025M5B465 号

**春芽萌动**——小学实践育人的新样态

胡旭东　著

责任编辑　马一萍

责任校对　陈逸行

封面设计　雷建军

出版发行　浙江大学出版社

（杭州市天目山路 148 号　邮政编码 310007）

（网址：http://www.zjupress.com）

排　　版　杭州浙信文化传播有限公司

印　　刷　杭州高腾印务有限公司

开　　本　710mm×1000mm　1/16

印　　张　15

字　　数　206 千

版 印 次　2025 年 5 月第 1 版　2025 年 5 月第 1 次印刷

书　　号　ISBN 978-7-308-25970-5

定　　价　78.00 元

# 序

## 听，春芽的未来萌语

教育兴则国家兴，教育强则国家强，党的二十大报告对新时代新征程教育事业做出了战略谋划。上城区作为杭州市中心城区，致力于高水平建设优质均衡、人民满意的美好教育引领区，秉持“教好每一名学生，成就每一位教师，办好每一所学校，幸福每一个家庭”的教育愿景，加快形成“名校就在家门口，名师就在我身边”的美好教育新格局。教育教学改革蹄疾步稳，优质均衡全面发力，美好教育图景徐徐展开。

今天，我们面临百年未有之大变局，面向未来的教育更注重实践能力和创新素养的培育，以实践为主要特征的学习方式变革正成为新课程方案、新课程标准颁布后的重点领域、关键环节。“高质量实践育人学校联盟”由此应运而生，由华师大李政涛教授团队引领，杭师大王凯教授支持，杭州春芽实验学校牵头，联合 13 所学校与时俱进，为教育教学改革先试先行。

杭州春芽实验学校在“践行实践育人理念，推进教育高质量发展”中持续注入澎湃动力，在培养有理想、有创造、有行动的时代新人的行动路径中逐渐有了清晰的落笔、个性的注脚。

在这里，“春芽会客厅”架起了过去与未来，我们见证了每一次以素养为导向的生动实践，听见了每一个小芽儿拔节生长的声音。

在这里，我们看到了课程的个性化演绎，从“五育并举”到面向全体学生、体现素养导向、强化过程体验、促进深度学习的发生，让成长始终被看见。

在这里，我们看到了学校不断循环、重组、整合资源，为学生提供了多样的选择，实现没有“围墙”的教育。校馆合作，创造“走出家门即校园，走出校门就是家园”的儿童友好型社区空间；走读杭城，在浙江科技馆、自然博物馆、西溪湿地等各类综合性实践场馆中把“学什么”和“怎么学”有机联系起来，让“走读”成为常态学习方式和课程形态；项目化学习，在微农实验室、亲情实践活动、宋韵主题活动中动手实践，实现学科知识有机整合，积极发挥实践育人价值。

顺应时代变化，赋能教育未来。我们期待着春芽实验学校书写更精彩的教育答卷，以生动实践浇筑上城教育高质量发展的亮丽风景。

项海刚

上城区教育局党委书记、局长

2025 年 4 月

MU LU

# 第一章

# 实践育人概述

实践育人是学生全面发展的基本途径。对于处于成长重要时期的小学生来说，他们不仅可以从实践中获得文化知识，而且可以在实践中培养和发展自己良好的思想品德。

# 第一节　实践育人的内涵

研究实践育人需要把握实践育人的本质，界定实践、育人和实践育人等核心概念，分析实践育人的特质，这是学校实践育人的内在依据，也是学校开展实践育人研究的起点。

## 一、实践育人的概念

《现代汉语词典（第七版）》将“实践”解释为两层意思：①履行、实施。②人们改造社会和改造自然的有意识的活动。[①]“实践”一词最早来源于希腊文，广义上是指有生命的东西的行为方式。最早使用实践范畴的是古希腊的

① 中国社会科学院语言研究所词典编辑室. 现代汉语词典（第七版）[M]. 北京：商务印书馆，2016：1185.

亚里士多德，他区分了人类活动的不同类型，把知识分为理论、实践与制作。18 世纪，德国古典哲学创始人康德把实践作为一种社会现象引入哲学范畴，提出了“理论理性”和“实践理性”的概念。他认为，人作为有限理性的存在体，在实践理性的支配下追求趋向完美性的实践终极目的。黑格尔克服了康德哲学的局限，把实践引入了认识论，把实践看成是认识的必然环节，并首次把劳动包含在实践之内。马克思主义哲学则汲取了哲学史上一切关于实践概念的优秀成果，正确阐明了实践的本质以及实践在认识世界和改造世界中的作用，创立了辩证唯物主义的实践观。马克思主义哲学认为“实践就是人类有目的地进行的能动地改造和探索现实世界的一切社会性的客观物质活动”。[①] 人类通过实践改变客观物质世界的同时也改造了自身的内在世界，发展了人类的本质属性。而在现实生活中，发展和改造人类本质属性的实践在很大程度上都属于教育和学习活动，因此，教育学视角下的实践是指教师和学生从事的有意识、有计划的活动，目的是促进学生的全面发展，是教育的内在属性。

“育人”的概念最早可以追溯到先秦时期孔子提出的“博学于文，约之以礼”的理念，表明教师不仅要教授给学生渊博的文化知识，还应教育学生遵守社会道德规范。此后，儒家将“仁”“义”“礼”“智”“信”将以及《大学》中的“正心、修身、养性、齐家、治国、平天下”作为育人的准则，进一步完善了育人理念。教育家陶行知说：“先生不应该专教书，他的责任是教人做人；学生不应该专读书，他的责任是学人生之道。”[②] 明确强调教师要注重教授学生做人的道理。教育家徐特立说：“教书不是传授知识，更重要的是教人做

① 曾素林，彭冬萍，刘璐. 教育性实践：含义、价值及路径[J]. 教育学术月刊，2017（12）：12-17.
② 李大章，侯怀银. 论陶行知“教学做合一”的教育观[J]. 教育理论与实践，1987（1）：21-25.

人。”[①]他认为合格的教师应该是“经师”与“人师”合一的结果。新中国成立以来，“人才培养，德育为先”始终在我国教育方针中处于育人中心地位，表明教育不只是传授知识，育人才是教育的根本。因此，“育人”即将以人为本为出发点，让作为主体的学生通过多样化的教育形式和手段，充分挖掘和发挥他们的学习潜能，培养他们优良的思想道德品质和规范的行为方式，提高学生多方面的能力，从而促进学生全面发展。

“实践育人”的观点有着深刻的哲学依据。中华民族历来有崇尚“知行合一”的优良传统，从《左传》的“非知之实难，将在行之”的描述，到《论语·公冶长》的“始吾于人也，听其言而信其行；今吾于人也，听其言而观其行”，再到明代王夫之的“力行而后知真”的观点，都体现了对“行”的重视，对实践的重视。

基于有关文献的研究，很多学者也对实践育人进行了较为深入和全面的界定，吴亚玲等学者认为实践育人“要兼顾理论教育和实践教育，兼顾校内的实践教育和校外的实践教育”。张文显等学者认为实践育人是指：“以学生在课堂上获得的理论知识和间接经验为基础，通过有目的、有计划、有组织的实践活动激发学生课外自我教育和相互教育的热情和兴趣，开展与学生健康成长成才密切相关的各种应用性、综合性、导向性的实践活动，获得现实感、实践感，形成实践创新的观念，养成必备的实践品格和关键能力。”[②]

因此，简单来说，实践育人就是促进学生全面发展的一种新型的育人方式。实践育人就是在充分认识实践与人的密切关系，尤其是在人的成长的价值基础上形成育人理念，其根本出发点和落脚点都是“人”，其最终目的是促进“人的自由而全面的发展”。它是指以学生现有的发展水平为基础，通过引

① 徐特立. 徐特立教育文集[M]. 北京：人民教育出版社，2006：89.

② 张文显. 弘扬实践育人理念 构建实践育人格局[J]. 中国高等教育，2005（Z1）：7-9.

导学生参加与自身健康成长和成才密切相关的各种应用性、综合性、创新性实践活动，促使他们形成高尚的思想道德、健全的人格、勇于创新的精神与实践能力，以实现人的全面完整发展的教育活动。它的核心目标与追求在于培养学生的实践能力和创新精神，促进学生全面发展。

## 二、实践育人的内涵

实践育人是通过实践来达到育人的目的，即达到培养学生的思想品德并提升学生各方面能力的目的。遵循学生的成长规律，促进学生的全面发展，这也是实践育人的内在属性。

### （一）实践是个体思想品德形成的源泉和动力之一

思想品德的形成，是指个体思想品德在发展过程中获得的新的特征，而思想品德的发展是依赖于教育者根据我国社会主义条件下学生品德发展的需求及其形成、发展的规律，根据社会主义国家对年轻一代的思想、道德要求，结合教育者的组织、启发、引导和受教育者的认识、体验、践行来实现的。因此，个体的思想品德不是天生就有的，而是在后天的外部环境中逐渐形成并发展的，各种实践活动是外部环境的主要组成部分，是个体思想品德形成的源泉。

个体通过人际交往、实践活动等形式获得思想品德的认知，这一认知在实践过程中经过领悟内化，再通过社会实践检验、修正，变成实际的思想品德行为。

### （二）实践是个体思想品德内化和外化的必要环节

《德育新论》中提出："思想品德的内化就是个体对一定的社会道德、社会思想的认同、筛选、接纳，将其纳入自己的思想品德结构，变为自己的信念、观点，成为控制、支配自己情感、思想、行为的内在力量。"[①]"就思想品德来说，外化就是把已经内化了的道德信念、思想观点自主地转化为自己的感情、思想的行为。行为外化包括道德意志的增强、道德行为方式的掌握以及道德习惯的养成。"[②]个体要形成良好的思想品德，需要实现两个转化：一是将一定的社会道德思想内化为个体的道德信念；二是将个体的思想道德信念和观念外化为实践的规范行为。

思想品德内化的前提是"一定的社会思想、社会道德"，而这些"社会思想、社会道德"不是凭空存在的，个体必须在各种外部环境中通过实践活动认知和感悟"社会思想、社会道德"，进而在个体自我意识的作用下进行"认同、筛选、接纳"，经历思想品德形成的"知、情、意、行"四个环节。因此，没有参与到实践活动中，就无法内化思想品德。同样，个体思想品德外化的关键在于将内化的"思想观点、道德信念"转化为行为，着眼于"行"。它需要通过不断的实践，发展为个体的行为习惯。

### （三）实践是个体思想品德水平和能力提升的重要手段

学生思想品德形成的过程是学生思想道德认知从低级到高级、从简单到

---

① 鲁洁，王逢贤. 德育新论［M］. 南京：江苏教育出版社，2012：286.

② 鲁洁，王逢贤. 德育新论［M］. 南京：江苏教育出版社，2012：287.

复杂的运动过程，是知、情、意、行互相作用、共同发展的过程。在这一过程中，要求学生在实践活动中主动地体验、认知和践行，把社会的道德规范内化为自己的思想道德认知，进而具有一定的思想品德，可以自主、独立地解决新问题。实践能力的培养则主要是运用学生已经获得的道德观念、认知及基本行为规范来锻炼和提高学生分析、解决各种复杂且具体的问题的能力。

中小学生参与多种多样符合青少年身心发展特点和规律的教育实践活动，一方面是践行教师提出的行为要求与道德规范，另一方面学生自身也会主动处理好与同伴之间的关系，并控制好自己的行为和遵守道德规范、评价。由此，学生会养成相应的品德，提高实践能力。实践是学生思想品德形成过程中实现由知到行转变不可缺少的环节。

## 三、实践育人的特质

“纸上得来终觉浅，绝知此事要躬行。”实践育人的特质可以用几句话来概括：让学科与生活实际联系、贯通起来，让学习在真实丰富的情境里发生。其显著表征是学习方式的深度变革，并让学习方式的变革以实践为核心展开。其宗旨是育人，育人是实践的灵魂，实践是育人的途径和方式。

### （一）实践育人的主体性

实践育人是以学生为参与主体而开展的育人活动，即以学生为实践主体，重视学生的主体地位，激发学生探究、体验、合作的动力，发挥学生的主体自觉性、能动性和创造性，引领学生自主成长。

首先，学生是实践活动实实在在的参与者。在实践活动中，学生是有着鲜活生命个性的个体，有强烈的主观能动性和积极的创造性，他们个性的彰显、生命活力的激发、创造力的发展都需要以其主体性的彰显为基础。实践育人是使学习成为一个彰显学生主体性和发展学生主体性的过程。离开学生的主动参与，实践教育就无从谈起。学生参与实践活动的全过程，获得实践感悟和认识，学习并成长了，教育才真正发生了。

其次，只有当人成为活动发起者的时候，成为实践者的时候，人的主体性才能得以彰显。不难理解，实践促进学生成为活动的主体，育人的目的、意义便也在其中明确，并在持续的实践中得以实现。人在实践中反映了自己，也认识了自己，发展了自己。实践的具身性与关联性决定了学生将更为积极主动地投入到学习活动当中，其作为实践教育活动的主体也得以体现。在实践教育当中，学生应被作为有情感、有欲望的个体来对待，而不是把教育重点放在提升其智力和技能上。

最后，实践教育通过“学中做”“做中学”“行中学”强化学生在课堂学习、实习实验、科研训练、社会实践等活动中与他人的联系而助其获得成长。更关键的是，这种独特的途径，激发了学生的学习兴趣和学习动机，培养了学生的实践操作能力、创新精神和高尚品格，实现了学生成人、成才的目的。因此，凸显人的主体性是实践育人的本质力量。

### （二）实践育人的价值性

实践育人是一种目的性和针对性很强的教育实践活动，必然具有价值导向性的特征，需本着“人的尺度”去衡量实践育人的价值。“人的尺度”是指根据人的内在的愿望、目的和需要改造对象，说明的是为何实践的问题，形成的是关于世界的价值性认识。[①] 实践育人的实质是价值育人，这是实践最为根本的属性。

学生成长在一个充满各种不确定性的世界中，各种价值观包围着他们。学生选择什么样的价值观，决定了其人生的格局，甚至决定了其最终成为什么样的人。因此，实践育人是寻求真、善、美的统一的活动。学习不是纯粹地掌握知识去认识和适应外部环境，而是通过价值性的实践活动充分地认识自己、理解自己、确认自己，建立自我感、意义感，回答人生的意义、生存的价值等具有永恒意义的问题，找寻个人价值与社会意义，建构完满的精神世界，诠释完满的人生。故而，实践育人也凸显了育人的价值性。

### （三）实践育人的体验性

实践育人的体验性一般是从实践主体对客观对象的亲身感受开始的。不同于传统课堂中间接地传授知识，实践育人是让学生亲历丰富多样的直接经验，在真实的情境中进行学习、练习或训练，获得对事物、社会和世界的认识，在知、情、意等方面受到潜移默化的影响。

实践育人的体验性符合教育规律。实践活动并非仅仅要求学生简单地经历一种活动的过程，其完整性、合理性、深刻性影响着实践活动的发展价值。一般来说，学生在实践情境中通过手脑并用，利用特定的工具、方法和手段，发现问题、分析问题、解决问题。在问题解决的过程中，要经过论证问题、提出假设、制订活动方案、验证假设、得出结论等步骤。在此过程体验中，学生的经验得到丰富，认识得以深化，实践能力得到锻炼，价值观念得以明晰。实践育人过程中，学生的知识是在“用中学”“做中用”生成的，这是最

① 郭元祥. 论实践教育[J]. 课程·教材·教法，2012，32（1）：17-22.

能彰显实践育人功能的必要环节。

### （四）实践育人的实践性

从本质上来说，实践教育是人类实践特性在教育上的反映。没有实践，实践教育就不具有根本性，就会变成“理论教育”，学生的成长便只能停留在知识层面，而很难达到“转识成智”。实践是人和环境的交互作用，在交互作用中人获得学习，实践是教育的重要载体，教育是一种实践活动，实践性寓于教育中，实践教育活动才真正发生了。所以，实践性是实践教育的根本性质。

实践教育的实践性集中体现为学生在亲身体验、亲手操作、亲身行动、亲身经历的实践中获得成长，促进知识的学习、思维的发展和能力的提高，在各类实践活动中检验理论知识的正确性。这就要求实践活动的选取、设计和改造要围绕教育目的来进行，“确保学生学会所需的技能，并收获恰当的工作表现、方法和价值观”。

### （五）实践育人的综合性

实践育人内容的广泛性决定了实践育人是一个系统而复杂的过程，实践内容的丰富性也决定了实践育人效果的全面性和深刻性。

第一，实践育人涉及多个方面，实践教育活动不是孤立的，它将知识、能力、态度、情感、价值观交织在一起，形成教育情境。实践提供给学生的是一个综合运用多种知识、巩固和深化所学理论、锻炼和培养实践能力的广阔天地，所以具有十分明显的综合性。它表现在三个方面：一是学科内部知识的综合运用，即运用某一学科领域内的各种概念、原理、规则而进行的学习活动；二是跨学科知识的综合运用，即运用多学科领域内的知识而进行的学习活动；三是知识与以直接经验为主导的活动之间的综合运用，如交往活动、感知观察活动、操作活动以及反思活动。[①]

第二，实践育人效果和目的具有综合性。实践育人的功能和作用体现在发展学生认知、提升学生技能和确立正确的思想品德、态度等方面。通过各种类型的实践活动，学生得到多方面的教育，进而达到多方位的、综合的育人标准，成为有理想、有本领、有担当，具有创新精神、实践能力，德智体美劳全面发展的社会主义建设者和接班人。

## 第二节　实践育人的背景

### 一、时代背景

21 世纪是一个“创造性适应”的时代，21 世纪的公民应该具有怎样的素养成为全球共同思考的问题。经济合作与发展组织（OECD）提出了核心素养概念，并将其视为基础教育人才培养的指南。联合国教科文组织（UNESCO）发布的《教育：财富蕴藏其中》报告中提出了教育的四大支柱：“学会求知”“学会做事”“学会共处”“学会做人”，为 21 世纪需要培养什么样的人指明了方向。2014 年，教育部印发的《关于全面深化课程改革落实

① 彭安臣，王正明，李志峰. 高校实践教育的内涵、特点与功能再审视[J]. 教育科学探索，2022，40（2）：24-31.

立德树人根本任务的意见》中明确提出了各学段学生发展的核心素养体系，进一步阐明了学生应具有的基本素质，强调个人修养、社会关爱、家国情怀，注重自主发展、合作参与、创新实践。在2016年发布的《中国发展学生核心素养》总体框架中，“实践创新”被确定为中国发展学生的六大核心素养之一。由此可以发现，随着科技的突飞猛进和世界格局的变迁，加强创新教育和实践教育，变革学习方式，发展学生高阶思维，重视创新能力和实践素养的培养，已成为教育改革与发展的趋势。

多年来，实践的育人功能因其无可比拟的优越性得到世界各国的普遍关注与重视，大多数国家都设置了多样化的实践课程，如美国和德国的设计学习（design learning）、应用学习（applied learning）、自然与社会研究（studies of science，technology and society），法国的动手做（hands-on），日本的综合学习实践（基于课题的探究学习、社会参与的体验性学习，2003年后更名为“综合活动学习”），以及我国新一轮基础教育课程改革所设计的综合实践活动课程等，都是以实践课程的形式开设的。这些课程尽管名称各异，但其核心价值是相同的，那就是强调实践育人，注重实践体验、开放学习、活动作业和经验反思，注重多样化的实践育人方式，培养学生的实践能力和探究能力。

由此可见，强调实践育人已经成为国际教育改革的一种发展趋势，成为学校提高人才培养质量的突破口，成为学生成长发展的根本方式与必经途径。我们必须重视实践教育，充分发挥实践的育人功能。

## 二、政策背景

2004年2月，《国务院关于加强未成年人思想道德建设的若干意见》指出：

“思想道德建设是教育和实践相结合的过程。要按照实践育人的需求，以体验教育为基本途径，区分不同层次青少年的特点，精心创设和组织实施具有鲜活内容、强吸引力、新颖形式等特点的道德实践活动，使未成年人在自觉参与中熏陶思想感情，充实精神生活，升华道德境界。”同年 5 月 25 日，教育部下发了《教育部关于联合相关部委利用社会资源开展中小学社会实践的通知》（简称《通知》）。《通知》指出：“开展社会实践是全面贯彻党的教育方针的根本要求。开展社会实践，对于让学生深入了解国情、民情，了解经济社会的发展，使从书本中、课堂上学到的知识在实践体验中得到印证、得到升华，增进学生对中华民族优秀文化的切身感受，对党、对祖国、对人民的真挚情感，培养学生的社会责任感、创新精神和实践能力，具有重要意义。”与此同时，《国家中长期教育改革和发展规划纲要（2010—2020）》提倡把育人摆在教育工作发展的首位，其中指出，贯彻“以人为本，全面实施素质教育”，必须重视培养学生的“学习能力、创新精神和实践能力”。2022 年 4 月 21 日，《义务教育课程方案（2022 年版）》中指出，义务教育课程应遵循的基本原则之一是“变革育人方式，突出实践”，要“加强课程与生产劳动、社会实践的结合，充分发挥实践的独特育人功能，突出学科思想方法和探究方式的学习，加强知行合一、学思结合，倡导‘做中学’‘用中学’‘创中学’”。

这些文件表明，实践育人已经成为新时代新形势下学校教育教学工作的重要载体，是育人的有效途径。对此，我们需高度关注并深刻理解，准确把握，深入实施，开展真实、丰富、生动的实践育人活动，进而让立德树人根本任务真正落实在教育教学的全过程。

## 三、学校背景

春芽实验学校创建于1995年，是杭州市上城区区内一所小巧、精致、优质的学校。在多年办学历程中，学校一直孜孜不倦地追寻教育真谛，基于传统教育中学生“学”与“做”相脱离的情况，开始了促进学生实践能力提升的探索。学校将学生的发展置于首位，充分突出学生的主体性地位，关注学生的成长发展，让学生在实践中形成个人的经验。学校将课程的实施与评价、资源的整合与应用、学生的学习与实践紧密关联，让学生由知识的被动接受者转变为主动的意义建构者。学校紧紧围绕“快乐学习，健康成长”的办学理念，努力践行“实践树德、实践增智、实践健体、实践育美、实践强劳”的育人理念，坚持有计划、有组织、有目的地组织学生参加丰富多彩的实践活动，在动手动脑中培养学生的创新意识和实践能力，促使学生全面发展。

在实践育人探索过程中，杭州春芽实验学校实践育人模式已经初具雏形。学校充分利用学校、课堂、家庭、社会的力量，发挥相关各方的协同性和创造性，形成联动的实践育人环境，以“综合、思想、亲情、服务”等特色，丰富实践育人的内容，促进实践育人规范化、系统化和常态化发展，为学校实践育人的全面实施保驾护航。

# 第三节　实践育人的理论基础

实践育人是教育发展和社会发展的必然要求和趋势。这是因为教育的最终目的是促进人的全面发展，社会发展需要依靠教育造就的各方面素质能力过硬的人来推进，而这一切都必须通过实践教育、实践锻炼和实践育人来实现。在这一大趋势下，为了开展实践育人工作和构建实践育人模式，探索实践育人的理论依据就显得尤为重要。

## 一、马克思主义实践观

马克思主义的实践强调主体活动的主体性和能动性，从实践中理解人、自然和人类社会。这是马克思主义哲学的出发点和归宿，也是马克思主义哲学中最吸引人、最引人瞩目的成果之一，是马克思主义哲学的精华，其实践的观点对整个人类历史和世界发展而言，都起着不可估量的引领作用。马克思主义哲学的实践概念具有三层基本内涵：第一，实践概念指的是人的感性活动；第二，实践概念确立了主体性的维度；第三，实践概念体现了主体改变世界的价值关怀。①

从中我们可以看出：没有实践，就没有人类社会，就没有不断进化的人

① 郭元祥. 实践缺失是我国基础教育的根本局限[J]. 教育研究与实验，2014（3）：1-8.

类世界，无论是从主观层面还是从客观层面看，都是实践创造和改变了人类社会和人类本身，也是实践检验着、更新着、完善着、推动着社会生活中的一切。实践是人的存在方式，人只有不断地实践，才能促进社会的发展和进步，才能促进人类自身各方面能力的提升，也才能使人真正成为人。人的一切社会关系也都是在实践中产生，人不但改造着客观自然世界，也改造着人类社会，可以说没有实践就没有人类社会，就没有人，而人也只有通过社会实践才能成为更好的人，更全面发展的人。

此外，马克思的实践观中还包含着丰富的实践育人思想，如实践是人的思想道德进步和全面发展的基础，教育与生产劳动相结合是塑造社会主义新人的根本途径，与实践、与工农相结合是青年知识分子成长的正确道路等重要德育思想。[①] 这些思想揭示了实践对提高人的思想道德水平和促进人的全面发展的基础性的、决定性的作用，指出了促进人的全面发展的具体方式，即与生产劳动相结合，突出了提高当代青年思想道德水平的最佳途径是与实践相结合。由此可见，实践对育人具有重要作用。

因此，我们在社会生活中必须充分发挥主观能动性，在教育中也要注重实践教育，重视实践育人，这是由人的实践性、社会的实践性、实践本身的特性和功能决定的。

## 二、教学做合一理论

“教学”二字，从狭义上来讲，是指学校中教师与学生之间有组织的教和

① 骆郁廷，史姗姗. 论马克思主义实践育人的德育思想及其现实价值[J]. 马克思主义研究，2013（10）：136-145.

学的活动。为突出教与学的互动性，陶行知在传统的“教学”二字基础上，加了一个“做”字，变“教学合一”为“教学做合一”。至此，教学的重点就转移到了“做”，教学的实际意义也发生了根本性的变化。从根本上说“教学做合一”中的做就是实践。它既包括教学实践，同时也包括社会实践。在陶行知看来，不仅实验、实习和作业等教学活动是做，就是观察、思考、讨论、看书和教师的讲解等也都是做。他说：“我们不能说种稻是做，看书是学，讲解是教。为种稻而讲解，讲解也是做，为种稻而看书，看书也是做。这是种稻的教学做合一。”①

由此可见，“教学做合一”实际上体现了两方面的含义。首先陶行知把“做”放在了教学的中心环节，“做”是教学过程中的重点，教和学都必须体现在学生的“做”上，否则就不是真教学。但是陶行知并没有否定教和学的作用，也不是简单地以“做”来代替教和学。陶行知“教学做合一”中做的实质，就是强调联系实际，理论与实践结合。做是知与行的统一，是广泛意义上的生活实践、社会实践和科学实验活动。

其次，陶行知指出，盲行盲动和胡思乱想都不是做，真正的做必须是在劳力上劳心的实践活动。劳力上劳心不是二者并重，而是用心思来指挥力量，做事时轻重得宜，探明对象变化的道理；做必须用器官，做要用什么器官，即学要用什么器官，教要用什么器官；做还要用身外的工具，做什么事便用什么工具。器官和工具都要活用。②这就是说，人类的认识最初是从获得感性经验的实践开始的，但是它必须经过思考上升到理性的阶段，而这种理性认识是否符合实际，又只有通过实践来检验，如此不断地循环往复，人们的认

① 张万红，申国昌. 陶行知教学做合一思想对当前中小学教学改革的启示[J]. 教学与管理，2013（22）：7-10.

② 周逸先. “教学做合一”加强课堂教学的实践性——陶行知生活教育方法论对课堂教学改革的启示[J]. 学科教育，2001（5）：14-18，49.

识才能一步一步向真理迈进，这样获得的知识才真正是属于自己的。陶行知的这一思想运用到教学实践当中就是如何把书本知识与学生的感性认识结合起来，如何把学习前人的间接经验与学生的实践活动结合起来。

陶行知的“教学做合一”的思想实际上是以培养学生的创造能力为最高目的。他明确说“做的最高境界就是创造”。“做”是在劳力上劳心，是动手与动脑相结合，它有三个基本特征：行动、思想、新价值的产生。一面行，一面想，必然产生新价值。所以做是发明，是创造，是实验，是建设，是生产，是破坏，是奋斗，是探寻出路，是“行动、思想、新价值之产生”[①]的过程，同时利用新的理论去指导生活实践，促使生活不断前进。这就是说，创造实际上就在平时的生活实践中，就在我们的课堂教学中，它与教、学、做都有着密切的联系。陶行知的主张实际上就是要把学习的基本自由还给学生，只有解放了学生的身心，让学生真正成为学习的主人，创造力才有可能培养起来，鼓励他们既要动脑，更要动手，实践才能出真知，实践才能有创造。

## 三、“知行合一”的思想

从先秦到明清，“知”与“行”就是我国古代思想家论及为学、为事、为人等问题的基本范畴。《尚书》中的“非知之艰，行之惟艰”最早对知行这个辩题进行了论述。此后，中国古代哲学家们展开了对知行内容及两者间先后、难易关系的探讨。春秋时期，孔子对“知”和“行”做了比较翔实的说明，为“知行观”奠定了基础，如“生而知之”“敏于行”。孟子提出“行有不慊于心，则馁矣”来肯定人的主观意识的作用大于“行”。程颐的“人既有知见，

① 侯怀银，李艳莉.“教学做合一”述评[J]. 课程·教材·教法，2013，33（8）：16-23.

岂有不能行？”表明知先于行，人的一举一动都是因为内心已有原因。朱熹赞成程颐的“以知为本”，但在此基础上提出“行重知轻”。王阳明继承了宋明理学中的“真知”，但反对其将知行支离的看法，提出“知行合一”说，使得知行观达到了一个新的层面。

20世纪初，教育家陶行知提出“生活即教育”“社会即学校”“教学做合一”等教育学说，强调生活是个大课堂，“知”源于生活、源于经验、源于“行”，是以“行”为先、以“行”为基的“知”，是“行”所至之“知”。陶行知的三个教育学说都蕴含着知行合一的丰富内涵。新中国成立后，特别是改革开放以来，党的教育方针所包含的“教育必须为社会主义现代化建设服务、为人民服务”“必须与生产劳动和社会实践相结合”“培养德智体美劳全面发展的社会主义建设者和接班人”等理念，都凝结着知行合一的教育思想。

## 第四节　实践育人的价值分析

中小学实践育人的特点在于让中小学生在参与现实活动的过程中充分提升自身的内在素质，如认知、情感、能力等。实践育人对于促进学生身心健康、品德修养、思想政治素养、创新意识、创新能力以及社会化进程等方面具有特殊的价值。

## 一、身体力行——促进学生的身心健康

“体者，载知识之车而寓道德之舍也”，身心健康是个体实现人生价值的前提和保证，尤其对于身心处于成长阶段的中小学生来说更是如此。他们的身心健康不仅是其生活学习的需要，也关系到祖国未来的发展。健康的个体不仅需要有强壮的身体，还包括健康的心理。

与学校课堂教学相比，实践教育对中小学生的身体健康更加有利。实践活动需要中小学生走出教室，进入生动活泼的生活世界，在参与各种各样的活动中获得知识，如学军学农、参观访问等。中小学生在付出脑力劳动的同时，还需要到不同的活动场所，参与活动的每一个环节，付出实实在在的体力劳动。从运动锻炼的角度来看，运动有利于人体机能的健康成长和发育，可以提高免疫力，使人保持积极饱满的精神状态。因此，具有运动特点的实践有助于促进中小学生身体的健康发展。

此外，社会生活实践也是促进中小学生心理健康的途径之一。心理健康是指个体能够以平和的态度与周围的人或事友好、均衡地交往和发展，从而丰富自身的内心世界。例如，学生拥有良好的心理状态和健全的人格，可以客观地认识自己、评价自己，并能不断追求正确的人生目标，积极进取，对未来充满希望和信心。在实践活动中，中小学生面对的大部分是实际的问题，这需要中小学生运用所学的知识加以解决，在此过程中提高他们的观察能力、分析能力、解决能力等，发展他们的兴趣爱好，帮助他们与同学、老师及其他人建立平等、合作的关系，培养他们积极、乐观和自信的心理素质，这才能有效培养其健全的人格和健康的个性。因此，社会实践为促进中小学生的心理健康提供了较好的原动力。

## 二、道德养成——提高学生的品德修养

一般来说，个体道德的形成是在理论学习与实践体验相结合的过程中实现的。实践对于培养个体的道德认知、道德情感、道德意志及道德行为都具有重要的价值和作用。个体道德知识的增长离不开实践活动，当个体在实践活动中面对一些道德选择、看到某些道德现象时，就不能简单地按照在书本上学到的道德认识去判断它是道德的还是不道德的现象和行为，而是要参考已经学到的知识具体地去进行道德判断并且投入行为中。由此看来，实践活动会激发出个体的思想道德情感，如同情心、责任心、正义感、憎恶感等。这些情感有助于个体感悟和认同已有的道德认知。但是这种情感仅仅是一种感性的道德体验与认知，要保证养成正确的道德行为就必须将这种情感上升到理性的高度，即道德意志。个体在实践中不断经受各种考验、抵御各种诱惑和困难，不断锻炼自己，进而形成坚定的道德意志，它是坚持正确道德行为的重要保障。整体来看，这一过程就是个体在实践中不断地筛选、取舍、整合已有的道德认识、思想道德情感，从而坚定思想道德意志，最终养成符合社会需求和标准的思想道德行为。当然，在实践中建构个体完整的思想道德认知系统不一定是按照知情意行的逻辑顺序循序渐进的，但却需要在实践中紧密联系这些因素，所以实践对个体形成完整的思想道德体系具有举足轻重的作用。

## 三、思想强化——提升学生的思想政治素养

思想政治素养是人的素养的灵魂，是素养结构的奠基石。它是人们进行政治活动的基本条件，是一个人政治思想、立场、态度、信仰的综合表现。在我国，思想政治集中表现为一个人对社会主义制度、对建设我国社会主义事业和我国政治发展过程的认识、态度和参与情况。对于各方面处于成长发育阶段的中小学生来说，他们的政治参与、政治思想、政治观点、政治方法的理论与应用需要在不断的学习和锻炼中逐渐形成和发展。

实践活动对于中小学生来说具有新鲜感和灵活性，更容易在主观感受上给中小学生带来冲击，有助于提升他们对政治理论的学习兴趣，增强其对思想教育理论的认同和内化。同时，提高中小学生的思想政治素养，不仅需要个体进行理性思考，也需要个人情感的融入。在实践活动中，中小学生通过感受和体验，引发内心深处最真切的情感共鸣，从而实现认同，例如中小学生在参观博物馆的时候，在观看文物的同时，聆听革命先烈的英雄事迹或是了解蕴含在文物中的故事，不仅可以开阔视野，学到知识，而且可以感受到祖国母亲的艰辛和伟大，更能激发他们的民族自豪感和爱国热情。

## 四、创新培育——培养学生的创新精神和实践能力

培养创新人才是时代的要求，也是教育的追求，而创新离不开实践，实践为人的创新提供了土壤和舞台，人类创新能力必须通过实践活动来培养和形成。

创新思维能力指的是人在进行思维活动时不受旧的、传统的思维框架和模式的制约，能够通过联想和预测进行思维创新的能力。创新实践能力是指需要在实践中获得的实验的能力、实际动手操作的能力，以及表达、表现创造性成果的能力等。因此，要学习创新能力，一方面需要个体掌握某一方面的科学理论知识，并能融会贯通地应用；另一方面要求个体必须锻炼创新思维能力。

对于中小学生来说，参加各种实践活动，不仅可以习得多方面的科学文化知识，而且可以锻炼自己的动手操作能力、实验能力和创造性成果的表达、表现能力等，进而培养自身的创新实践能力。中小学生在活动中不断接触新的现象和情境，对学到的理论知识进行理解，便可以在理解的基础上产生丰富的联想和领悟。当他们发现理论与现实不符时，他们就会进行反思、考证，进而形成新的认知。这就是创新思维能力逐渐形成和发展的过程。由此可见，实践活动是培养中小学生创新思维能力的必经途径。

## 五、现实参与——促进学生的社会化进程

人的社会化进程是指个人作为“社会学习者”和“社会参与者”获得全面发展的过程。实践能让个体理解并进入社会，建立自我与社会的关系，进一步积累处理与社会、与自我关系的经验，实现社会化成长。

中小学生实践教育就是根据他们的成长特点和需求，开展各种实践活动，让他们在实践中学习各种知识、技能、观念和规范，并运用到社会生活的再创造中，促进其社会化进程。一方面，由于社会活动涵盖中小学各个科目的知识及各种需要动手操作的项目，中小学生在参与活动的时候需要与不同角色的群体交往和沟通，这可以让中小学生学会与人相处的基本规范，提高他

们处理人际关系的能力；另一方面，社会活动的复杂性和多变性需要中小学生根据所掌握的知识和技能去思考、去参与，即通过现实参与来实践自己已有的知识，努力解决和克服遇到的难题，提高心理承受能力，并在参与过程中积极适应、融合社会规范，逐步找到自己的准确定位。因此，中小学生在实践中学习，也在实践中不断进步，实践在促进他们思考社会问题，建立社会责任感，发展社会意识，提高分析解决问题能力及各种社会活动能力等多方面都有重要的作用。

# 第二章

# 校园里的综合实践

校园里的综合实践作为学校实践育人的重要路径，具有开放性、平等性、整体性、关联性和融合性等特点。在践行实践育人理念、推进教育高质量发展的探索之路上，杭州春芽实验学校挖掘学校固有特色，融合集团共创课程，创建校园节日课程，深入开展校内综合实践活动。学校从思维发展、劳动能力、学科实践等不同角度设计实践活动，将五育融合于校园特色节日实践活动中，基于学生的问题设计实践活动，让学生在实践中发现问题、解决问题，形成自己的思考与认识，树立正确的价值观，促进核心素养的发展。

## 第一节　五育融合的校园综合实践

实践育人是课程改革的一个重要原则。《义务教育课程方案（2022 年版）》明确规定了课程教学改革的基本原则，“变革育人方式，突出实践”是其中的一条，其核心是实践育人。[①] 校园里的综合实践活动就是落实“实践育人”的一条路径。基于五育融合的校园综合实践，将学生感兴趣的综合实践活动融入学科实践，方向更明晰，更有助于实现学生的全面发展。

① 成尚荣. 实践育人的理论基础、核心要义与基本形态[J]. 中国教育学刊，2022（10）：55-60.

# 一、五育融合概述

为谁育人，育什么人，怎么育人始终是教育的根本问题。通往高质量育人的路径多种多样，其中“五育融合”是当前及未来基础教育改革最重要的发展方向和路径之一，培养德智体美劳全面发展的社会主义建设者和接班人。从“五育并举”到“五育融合”，教育领域的研究重点从关注“五育”发展不平衡、不全面的问题转向剖析“五育”彼此割裂和分离的现状，力图促进“五育”融合发展。[①]

## （一）“五育融合”理念的沿革

“五育融合”是以实现人的全面发展为目的的教育理念与体系。

“五育融合”虽然是一个新近出现的词语，其实是在教育实践中不断完善的教育思想和教育体系。从严复、梁启超等提出“体智德三育并重”到王国维的“德、智、体、美‘四育统合’”，教育界逐渐形成“四育并举”的教育思想。蔡元培汲取他们的教育思想，提出了军国民教育、实利主义教育、公民道德教育、世界观教育、美感教育“五育并举”的教育思想，为民国时期我国教育发展奠定坚实的理念基础。1957 年，毛泽东同志提出，我们的教育方针，应该使受教育者在德育、智育、体育等方面都得到发展，这一“三育并举”育人理念为人的全面发展提供了内涵引领。1985 年，邓小平同志提出

① 王萌，孙洪涛．“五育融合”的概念、理论基础与实践路径研究[J]．广东第二师范学院学报，2022（2）：80-86.

了“四有新人”的概念——教育全国人民做到“有理想、有道德、有文化、有纪律”，丰富了全面发展的内涵。江泽民同志则主张将美育纳入育人体系，形成德、智、体、美“四育并举”的育人理念：“努力造就有理想、有道德、有文化、有纪律的，德育、智育、体育、美育等全面发展的社会主义事业建设者和接班人”。2010 年，《国家中长期教育改革和发展规划纲要（2010—2020）》明确提出“促进德育、智育、体育、美育有机融合，提高学生综合素质”，在教育发展规划中开始注重五育融合发展。[①]2019 年，《中国教育现代化 2035》进一步要求“更加注重学生全面发展，大力发展素质教育，推动德育、智育、体育、美育和劳动教育的协同整合”，这促使“五育融合”育人理念最终形成。2021 年 4 月，经第十三届全国人民代表大会常务委员会第二十八次会议审议，《中华人民共和国教育法》第五条修订为：“教育必须为社会主义现代化建设服务、为人民服务，必须与生产劳动和社会实践相结合，培养德智体美劳全面发展的社会主义建设者和接班人。”[②]

从“三育”“四育”“五育”并举到“五育融合”是我国育人理念的发展，也是我国教育事业发展的必然结果和要求，更是中国特色社会主义教育高质量发展的重要保证。

### （二）学术界关于“五育融合”的观点

针对“五育融合”的基本内涵，华东师范大学基础教育改革与发展研究所所长李政涛认为“五育融合”是育人假设、育人理念、育人实践、育人思

① 王萌，孙洪涛．“五育融合”的概念、理论基础与实践路径研究[J]．广东第二师范学院学报，2022（2）：80-86.

② 李晓华，张琼．“五育融合”：内涵特征、发生机制与行动理路[J]．北京教育学院学报 2022（3）：54-60.

维和育人能力的统一。“五育融合”是一种“育人假设”：它预设人的成长发展不仅是全面发展，更是融合发展。所有教育活动的育人成效都可能对孩子的生命成长具有综合影响，产生综合效应，各种教育的成长效应往往是相互贯穿、相互渗透和相互滋养的。“五育融合”是一种“育人实践”：“五育融合”是在“五育”并举的前提下提出的，着重于实践方式或落实方式，致力于在融会贯通中实现“五育”并举。“五育融合”彰显了一种实践形式，即“融合实践”是一种独特且重要的“育人实践”：“五育融合”除了实践，还蕴含了一种新的教育理念或育人理念，即“融合理念”“五育融合论”。“五育融合”是一种“育人思维”：从根本上讲，它是一种系统思维，包含了“有机关联式思维”“整体融通式思维”“综合渗透式思维”等。“五育融合”是一种“育人能力”的挑战：对于学生而言，是“五育融合式”学习；对于教师来说，要有“五育融合”的教学基本功；在校长那里，需要具备的是“五育融合”的管理新基本功……[①]

华东师范大学教育学部教育学系教授宁本涛认为“五育融合”不仅是一种教育价值观，也是一种教育创新思维方式，更是一种教育实践新范式。在“五育融合”教育体系中，德智体美劳诸育的育人价值和作用独一无二，其发挥作用的方式也各有不同，各有其美。他认为，五育之间既各自独立又内在统一，实现“五育”美美与共是对“五育”关系的最好阐释和生动实践。从“五育融合”走向“五育共美”，形成更高水平、更有质量的全面发展教育体系，需要从“辨”起来、“通”起来、“美”起来这三方面加强实践和研究。首先，要认识“五育”五美，才能让德智体美劳各展其美，才能让“五育”融合遍地生花。其次，要尊重差异，承认各育的价值，认识到德智体美劳之间是相辅相成的关系，“五育”美人之美，是让“五育”走向互育和共生。最

① 李政涛．“五育融合”，提升育人质量［N］．中国教师报，2020-01-01（3）．

后，美美与共，指的是两个方面：一是因统一而美，在“五育”中实现“一育”；二是因独特而美，在“一育”中渗透“五育”，各育皆有自己的“主战场”。①

2019 年 12 月，华东师范大学召开“全国五育融合研究论坛”，会议提出“五育融合，即‘五育并举，融合育人’”的理念，并分别从理论基础、各育内涵和关系等方面阐释了“五育融合”的本质。“五育融合”理念实际上是对“五育并举”理念的进一步完善，“五育并举”旨在解决我国教育长期以来存在的偏向智育，缺乏美育、体育、劳动教育，忽视德育的问题，而“五育融合”则力图在解决上述问题的基础上解决教育过程中存在的各育“分离”和“割裂”的痼疾，更为关注学生的整体发展，致力于实现全面育人的教育目标。

## 二、基于“五育融合”理念的校园综合实践的特点

校园里的综合实践是实践育人的重要路径之一，基于“五育融合”理念的校园综合实践活动不仅可以促进“五育”之间有效融合，还能将对“立德树人”有重要意义的其他可利用的或隐性的教育资源涵盖进来，创造性地推进校园里的实践育人。“五育融合”不仅是内容的融合，还应该包括目标、实施过程的融合；不仅是“五育”之间多向渗透、融通，还是一种育人方式的融合。它具有开放性、平等性、整体性、关联性、融合性等特点。

① 宁本涛，覃梦蒙．“五育”如何美美与共[J]．教育发展研究，2021（22）：48-53.

## （一）开放性

以开放为前提，打破壁垒，搭建桥梁，促进教育要素的有机互动。五育融合就是在彼此尊重的前提下，相互渗透，产生联系的过程。因此它一定是具有开放性的教育体系，五育共同遵循一个宗旨，在同一个教育或教学活动中相互依存、共同发展，破除边界，实现融合。①

## （二）平等性

在数量、层次上，五育是均衡的。在育人目标上，在功能发挥上，五育是平等的，包括平等的发展机会、平等的发展过程、平等的发展结果。发展机会是指学校应为各育发展创造无差别的环境和条件，各育不论规模大小、数量多寡，均无差别地享有学科建设的权利、独立师资的权利、课时受到保障的权利、无差别评价的权利等。“五育”在知识结构、组织方式、学习方式等方面具有特殊性，既相互独立又彼此依赖。只有在充分尊重各育独特价值的基础上的互动融合才能发挥各育的辐射、关联作用，进而实现整体效果的最大化。

## （三）整体性

“五育融合”追求的是学校教育的整体价值的实现，是文化育人、课程育

① 李晓华，张琼．“五育融合”：内涵特征、发生机制与行动理路[J]. 北京教育学院学报 2022（3）：54−60.

人、学科育人和制度育人的整体体现，通过“五育融合”实现学校教育体系的整体变革，重构课程教学体系、治理模式和管理机制，打破“各育”的边界与壁垒，构建一个整体育人的环境。校园里的综合实践恰恰是“五育融合”的最佳载体。

### （四）关联性

五育之间是相互关联、“五位一体”的，共同服务于“立德树人”的根本目标。人类的社会实践是人与物（智育）、人与人（德育、劳育）、人与自我（体育、美育）构成的连续复合体，社会实践活动的完整性要求建立人与社会、环境和谐一致的关系，人类实践走向哪里，“五育”的关联就延伸在哪里。“五育”之间彼此助益、相互补充。五育并举既是教育规律的内在要求，同时也是现代社会发展的必然趋势。[①]

### （五）融合性

“融合”是“五育融合”中最值得关注的一点。这个融合不仅仅是“德智体美劳”五育的融通渗透，也是管理方式、学习方式、教学方式、评价方式等方面的融合，比如学习方式的融合体现为线上线下混合式学习、人机交互式学习等育人资源的整合包括社会资源，学科整合协同教学及家校政社的多方协作，以充分发挥教育活动的“五育效应”；评价方式的融合则体现在从育人度、融合度等多角度进行综合性评价。

① 刘登珲，李华．“五育融合”的内涵、框架与实现[J]．中国教育科学，2020（5）：85-91.

## 三、基于五育融合的校园实践的价值

### （一）育人价值

基础教育高质量发展的核心在于提升学生生命质量。基础教育中“由有质量发展转向高质量发展”是“五育融合”引领下教学变革的首要目标和重要使命。“五育融合”紧密围绕“育人”的内核，更加注重整体与融合，注重学生德智体美劳的全面发展。[①]共性上，促进学生全人的发展；个性上，尊重个体差异和独特性，通过五育融合融通的活动，帮助学生找到自我，挖掘潜力；满足学生多层次、多向度的发展需求；培养个性化发展的创新人才。

### （二）教学价值

从学生和教师两大主体来看，五育的教学价值体现在三方面：技能性、文化性和社会性。技能性体现为其教学价值在于师生基础知识、基本技能和相关能力的获取与发展。文化性体现为师生在“五育融合”的活动中认知、情感和行为的和谐发展，以及主客观思想的融合统一。社会性是人的本质属性，融合育人实践活动中必然要彰显人是社会主体的价值地位。社会、教师和学生三大主体协同作用下的育人活动，其价值效应是五育融合的重要体现。

① 赵鑫，吕寒雪．“五育融合”引领下教学变革的价值定位、认识逻辑与实践理路[J]．课程·教材·教法，2022，42（3）：13-14.

### （三）社会价值

人的发展是在社会中发生并通过社会来获得的，社会不仅为“五育融合”的实践活动提供了充足的资源和环境保障，其育人实践活动也依托于社会，并通过社会实践活动得以实现。“五育融合”的发展价值集中表现为它是塑造人格的主导力量，是人才培养的根本保证，也是社会治理的重要手段。[①]

# 第二节 校园综合实践案例

## 一、“探赜季”——可持续发展理念下的实践育人模式

“探赜季”全称为“万物萌于春，探赜始于芽”科学探索季活动，由学校特色“微农实验室”拓展而来。

学校综合楼设有一间50平方米南向的“微农实验室”，阳光充足，另外，学校还有一个屋顶农场作为这个实验室的室外部分，部分植物的种植可以在屋顶农场完成。学校将“咿芽农场”和“微农实验室”整合，形成了拥有室内室外两个场馆的真正意义上的“微农实验室”，并逐步完善设施设备。生物

① 赵鑫，吕寒雪．“五育融合”引领下教学变革的价值定位、认识逻辑与实践理路[J]．课程·教材·教法，2022，42（3）：13-14.

切片观察区配置了显微镜及生物切片，供学生随时取用观察；活体生物观察区种植了部分植物，并养殖了一些动物活体，配备了生态箱、生态瓶等；活动准备区包括水池、工具箱、活动资料架、实验工具，以及微农活动参考资料等。这种内外结合的"微农实验室"成为学生长期进行科学探究活动的实践平台。基于此硬件设施成立的"微农实验室"社团，依据教师们自主设计的课程纲要进行活动，包括：校园植物探索、植物标本制作、植物构造及21天孵化小鸡等项目。

"微农实验室"旨在通过各类社团实践活动，帮助学生形成可持续发展理念，提升科学探究能力，并由此总结提炼出培养学生科学素养的有效方法。

经过几年社团活动的实践沉淀，学校进一步尝试，成立了专门的小组负责"微农"工作并制定了相应的管理办法和规章制度，提高管理效率，确保特色教育工作有序开展。在此基础上成功举办了"万物萌于春，探赜始于芽"科学探索季活动，由点及面，实现从社团活动到全校参与的升级，不仅丰富了校园文化生活，更彰显了学校对可持续发展理念的践行。

### （一）"探赜季"活动设计

#### 1. 活动目标

充分发挥学校资源的本土优势，密切联系学生的年龄实际和生活经验，通过学习探究、体验感悟、活动实践等方式，力争让孩子们亲身体验种植的乐趣，满足孩子们对动植物的认知需求，培养其科学探究精神，树立其可持续发展意识，提升其复杂的情境中解决实际问题的能力。"探赜季"活动综合素养活动类型及目标类型如表2–1所示。

表 2-1 “探赜季”活动类型及目标类型

| 活动类型 | 目标类型 | 目标阐述 |
|---|---|---|
| 社团活动 | 知识与技能 | 了解肥料和植物的根茎叶之间的关系，知道植物的组织可以制作肥料<br>认识纸张和植物根茎叶的关系，知道造纸的过程 |
| | 过程与方法 | 在室外设置生态有机肥试验区，设置生态堆肥和发酵装置生产沼气、制作生态有机肥和酵素<br>尝试自己用植物的根茎造纸<br>尝试用自己种植的植物制作水晶滴胶工艺品 |
| | 情感态度与价值观 | 在实验过程中，提高探究生物的兴趣，能够提出自己的看法，增强团队合作意识 |
| 探索月活动 | 知识与技能 | 能用多种感官认识植物的形态 |
| | 过程与方法 | 能用交流、谈话、实验、绘画、制作等形式进行表征，学会与同伴合作，积极参与各种制作和实践活动 |
| | 情感态度与价值观 | 在活动中认识校园“柚”文化，形成校园主人翁意识，同时形成可持续发展意识，认识到保护环境的重要性 |

## 2. 活动内容

“微农实验室”面向全体学生，活动内容分为“社团活动”和“探索月活动”。“社团活动”根据学生进社水平设置了不同的学习阶段，明确了各阶段的学习内容。“探索月活动”则根据不同年龄段学生的身心发展特征和科学学习内容特点设置了不同的活动。

## （二）活动实施

### 1.“探赜季”月实践

经过前期社团活动的沉淀，学校组织了“万物萌于春，探赜始于芽”第一季探索月活动（见表 2-2）。此次探索月针对不同学段学生特点开展了不同的特色活动，包括“与春芽相约，携春景同行”摄影比赛、“我是城市小农夫”班草种植、“我和凤仙有个约会”植物认知、“给我一张身份证”校园植物挂牌、“保卫樱桃大战”等，调动了学生参与活动的积极性，让学生在活动中感受自然中蕴含的科学道理，也让学生在活动中锻炼自我，提升综合素养。

表 2-2 “探赜季”学生活动

| 社团活动 | | |
|---|---|---|
| **学习水平** | **主题** | **内容** |
| 水平一（初级） | 常见的植物 | 认识常见的植物：凤仙花、油菜花等 |
| | 植物种植的秘密 | 了解植物种植过程中的基本知识 |
| | 种植我们的植物 | 在咿芽农场种植植物 |
| 水平二（中级） | 鸡蛋知识我知道 | 认识鸡蛋各部分构造，了解小鸡孵化过程 |
| | 鸡蛋孵化技术 | 了解孵化过程的环境要求 |
| | 孵化我们的鸡蛋 | 使用鸡蛋孵化器做鸡蛋孵化实验 |
| | 植物里面有什么 | 了解植物的构造，认识各部分组织与细胞 |
| | 显微镜观察 | 制作植物标本，用显微镜观察植物各个部分 |
| 水平三（高级） | 变废为宝 | 了解植物的根茎有什么用处 |
| | 制造肥料和酵素 | 使用堆肥箱堆肥，选择合适地点放置<br>用植物果实和微生物进行酵素的制作 |

续 表

| 水平三（高级） | 纸张初体验 | 使用工具研磨机等尝试造纸 |
| --- | --- | --- |
| | 琥珀的秘密 | 尝试用水晶滴胶模仿琥珀形成的过程 |

**主题活动**

| 活动年份 | 主题 | 内容 |
| --- | --- | --- |
| 2020 | 探万物之源<br>品科学之趣 | 1. 植物生长探探探<br>2. 月相变化大揭秘<br>3. 植物为啥不落叶<br>4. 咿芽农场拯救计划 |
| 2021 | 万物萌于春<br>探赜始于芽 | 1. 我是城市小农夫<br>2. 我和凤仙有个约会<br>3. “给我一张身份证”<br>4. 消灭蚊子大作战<br>5. 我给母校一份记忆 |
| 2021 | “柚”遇见美好 | 1. 柚子节传统项目<br>2. 柚子中的营养<br>3. 柚子电池的应用<br>4. 柚称秤 |
| 2022 | 一粒种子的故事 | 1. 三月 · 春之伊始<br>2. 四月 · 播种希望<br>3. 五月 · 悦见成长 |
| 2023 | 芸薹节 | 1. 播种芸薹<br>2. 展示芸薹<br>3. 移栽芸薹<br>4. 欣赏芸薹<br>5. 收获芸薹 |

（1）“与春芽相约，携春景同行”摄影比赛

面向全校学生，邀请全校学生寻找校园中的美丽春色并记录下来。校园虽小，却处处精心布置，处处是景。缤纷的小学生活处处绽放，绚丽时光的留恋，放飞青春的梦想。学生在拍摄过程中走遍校园，认识学校，对学校更

有归属感，记录了身边的美好，同时还培养了他们发现美、观察美、记录美的能力。

（2）“我是城市小农夫”班草种植

万物复苏的春季正是观察植物的最佳时节。活动针对一到三年级学生展开。这些学生年纪尚小，对周围的事物有着强烈的观察和探索的欲望。除了可以到户外观察植物的变化外，还可以在班级种植一盆大家都喜爱的小植物进行长期观察。班级同学讨论并精心选择班草种类，在班草种植过程中，他们精心照料，看着植物发芽、生长、开花、死亡，观察植物的一生，体会生命诞生的喜悦和生命凋亡的悲伤，也对生命这个概念有了一定的认识。

（3）“我和凤仙有个约会”植物认知

古语有云，实践出真知。活动结合四年级科学相关单元知识开展。学生在亲手种植培育凤仙的过程中，看着凤仙经历了水淹、少光、虫害等多重考验，对凤仙花的各项习性有了更深刻的认识，也对植物的基本构造有了明晰的概念。学生用图文结合、照片或视频的形式记录自己的观察，例如测量、记录数据，并整理分析，在观察记录中的所思所得有助于他们形成更严谨的科学探究习惯。

（4）“给我一张身份证”校园植物挂牌

“一花一叶皆生命，一草一木总关情”活动则是五年级的特色项目。为激发学生亲近植物、护绿校园的兴趣，该项目邀请学生为校园常见植物制作介绍挂牌。五年级学生经历了几年学习的积累，拥有了较强的科学探究能力和动手实践能力。在活动过程中，他们进行小组合作，讨论分工，动手制作，经历了一个完整的项目化学习过程，不仅能够运用所学知识解决实际问题，也提升了自己各方面的能力。

（5）“保卫樱桃大战”

随着认知能力的发展，同学们对身边万事万物的观察也更加细致。春天到了，校园里的樱桃也陆续成熟了。贪吃的鸟儿总爱光顾这些美味的樱桃，六年级的同学们自告奋勇为校园樱桃制作保护罩，抵抗鸟儿的入侵，他们综合保护罩的形状、材质、透气性和观赏性等多方面因素设计制作，并进行了一次又一次的迭代和更新。

从实践中来，到实践中去。学校努力探索项目学习模式，让项目学习在学校中真实地生长，让孩子在项目学习中形成可持续发展意识，提升自我。

### 2.“探赜季”活动实践

“探赜季”前身为学校“微农实验室”社团活动，社团活动以季度时间为单位开展（见表 2-3）。

表 2-3 “探赜季”活动内容

| 季度 | 主题 | 内容 | 课时 |
|---|---|---|---|
| 一 | 常见的植物 | 认识常见的植物：凤仙花、油菜花等 | 1 |
| | 探秘校园植物 | 统计校园植物的种类和数量 | 1 |
| | 植物种植的秘密 | 了解植物种植过程中的基本知识 | 1 |
| | 种植我们的植物 | 在屋顶农场种植植物 | 1 |
| 二 | 鸡蛋知识我知道 | 认识鸡蛋各部分构造，了解鸡蛋孵化过程 | 1 |
| | 鸡蛋孵化技术 | 了解鸡蛋孵化过程的环境要求 | 1 |
| | 我们的鸡蛋 | 使用鸡蛋孵化器做鸡蛋孵化实验 | 2 |
| | 显微镜观察 | 制作植物标本，用显微镜观察植物各个部分 | 2 |
| 三 | 变废为宝 | 了解植物的根茎有什么用处 | 1 |
| | 制造肥料和酵素 | 使用堆肥箱堆肥，选择合适地点放置<br>用植物果实和微生物进行酵素的制作 | 2 |
| | 探秘生命 | 组成小组，选择自己感兴趣的生命问题进行探究 | 3 |
| | 成果汇报 | 汇报自己在探究活动中的发现和所取得的成果 | 1 |

微农实验室的升级改造为学生的实践探索搭建了更广阔的平台。综合学校场地器材和师资配备等因素，以科学教师为主力，开发“微农实验室”特色微课程，丰富了春芽“悦课程”的体系，激发了学生爱科学、学科学的兴趣，提高了学生观察、实验、创新等多方面的能力。

社团的活动场地“咿芽农场”分为八个区块，由各班轮流体验。每个班责任到人，种业集团也会不定期宣讲科普种植知识。在植树节，学校组织了“相约春天，播种绿色”的活动，大家一起亲身体验劳动的乐趣，感受美化环境的意义，增强了“人与自然和谐共处”的意识。在学校里，学生观察、记录。课后，收集有关蔬菜种植的资料，有的还向爷爷奶奶请教种植技巧。学生每天都关注自己班级的小苗，培养了他们的爱心和责任心；亲身体验种植过程，体会劳动的乐趣，收获的喜悦；家长们和孩子一起参与劳动，参与学校活动，形成家校合力。

“咿芽农场”的蔬菜成熟了，社员把从农场种植收获的蔬菜拿回家，在家长的帮助下，他们尝试自己做菜，品尝劳动的快乐，养成健康饮食的生活习惯。也有些社员到校门口或者老师办公室进行爱心义卖并把每一笔收入都积攒起来，在儿童节来临之际一起捐给与那曲达前乡结对的小伙伴们。

除了常规的养蚕，社团还开展了孵鸡蛋、养小鸡的活动。通过 21 天的孵化，学生们盼来了自己的小鸡；后期通过一段时间的家养，再统一集中到“咿芽农场”养殖，学生不仅经历的是一次生命教育，还体验了设计、搭建鸡舍的艰辛……整个活动贯穿一个学期，得到了媒体的多方关注。孵小鸡带来的物化成果之一就是智能雏鸡保育箱，它有自动喂水、温控、补钙照明、温度显示、新风和实时监控功能。实时监控由 APP 控制，使用手机可随时查看。

社团活动作为学校常规活动长期开展，在这一过程中积累了一些适合在全校推广的智慧实践经验，常创新，不断积累素材，为后续“探赜季”活动的开展打下了坚实的基础。

## （三）“探赜季”活动的意义与价值

参与小型农业活动对学生的体力的要求不高，且能较好地锻炼他们的思维，增强团队合作包容意识，并充分了解现代科技农业技术，是一项非常适合在小学生中开展的项目。学校结合校内优秀师资及校外有利资源，在尊重学生自愿选择的基础上，于小学高年级段普及微农业活动，主要着眼于思维训练和情感培养，积极培养“品行高雅的春芽学子”。

### 1. 活动意义

（1）体现国家育人目标

2022 版义务教育课程方案完善了培养目标，从有理想、有本领、有担当三个方面，明确了义务教育阶段时代新人培养的具体要求。微农实验室课程相关活动能较好地锻炼人的思维，增强团队合作包容意识，充分体现了现代科技精神。

（2）契合区域高质量发展

杭州上城教育融合高质量提升，教育资源将有更为广阔的拓展空间。凯旋教育集团第三轮合作化办学也为学校发展注入了新的活力。学校抢抓契机，持续做强、做精特色课程，使其成为学校的标志性育人品牌，这也赋予学校发展新的生长点。在深入推进微型特色课程建设的过程中，达到培根、铸魂、启智、健体、润心的教育目的，以课程建设促进学生成长，助力教师专业提升，推动学校快速发展。

（3）探索学校课程建设路径

2016 年，学校形成了完善的“悦课程”体系——对标 2022 版新课标要求，围绕发展学生核心素养，设计和精选课程内容，设置“跨学科主题”学习活动，强化学科间的相互关联，增强课程的综合性和实践性。但学校现有课程体系还缺少项目式、跨学科、综合性的课程，不能满足学生全面而又个性化的发展需要。因此，要改变现有的课程结构，就必须打破学科边界壁垒，探索大单元教学，积极开展主题式学习、项目式学习的研究。

### 2. 活动价值

（1）完善学校育人体系

“探赜季”活动以“五育”为统领，以“培根铸魂、启智增慧”为价值取向，推进五育在课程中的深度融合，在课程设置上进行了调整和优化。课程整体的结构性、系统性得到明显加强。活动的实施有利于促进“五育并举”的落实，尤其是劳动教育。学生亲身体验种植过程，体会劳动的乐趣、收获的喜悦，家长们和孩子一起参与劳动，参与学校活动，形成家校合力，共同探索学科教学中的跨学科主题学习形态，促进多样化、个性化学习。

（2）变革学校课程引领方式

项目式学习注重在整合跨学科的知识应用中充分调动学生思维，由注重教师的“教”向促进学生的“学”发生转变。课程由知识导向型向能力导向型转变，课堂也随之由知识导向型课堂向能力导向型课堂迈进。学生在建构概念中发展能力，在能力培养中建构概念。学习方式的创新，极大地拓宽了学校的育人视野，重塑了课程的引领方式。

（3）培养学生探究能力

项目式学习淡化了课时的概念，以项目推进和问题解决的进程决定一节课学习的内容。学生在一个项目中进行深度探索，在完成项目中解决问题，在解决问题中建构概念，概念完善后继续完善概念。在实践—认知—实践的过程中，学生可促进自身综合能力和全面素养的整体协调发展。

（4）提升教师教学水平

项目式学习让教师逐渐打破对原有课时界限的认定和偏见，促使教师更好地利用现有资源、合理地开发资源、科学地重组资源，建构起综合性的资源库，使其具有较强的教材解读能力、活动设计能力、内容编排能力。可以说，在教学内容的开发和教学内容的重构中提升了教师的课程设计和创新能力。

（5）提高教育资源利用程度

学校实验室在资源的整合、知识的呈现、教育的目标、教育的形式等各方面都有其独特性、直观性，能为学生提供更好的研究环境。通过本课程，可探索如何更好利用学校现有实验室资源，并将其与学科教学、德育活动有机结合，作为学校课程的有效补充，从而提高实验室资源的利用程度。

## 二、哲学月——渗透儿童哲学思想的实践育人

### （一）哲学月概述

成年人通常认为儿童没有深层思考的能力，但当代的心理学和认知科学研究发现，儿童具有的思考能力比成年人所想象的强得多。

“儿童哲学”认为，孩子是天生的哲学家，他们的大脑中潜藏着丰富的思考能力，从出生起，孩子就具有与生俱来的“爱智慧”的天性，对周边的事物有着无穷的好奇心。马修斯认为儿童的思维具有哲学的意味，是生动和美妙的哲学求索，他们出于求知的本能而表现出具有灵性的思维往往更能触及哲学“爱智慧”的本质。为了激发儿童的哲学思维，促进孩子更好地成长，学校围绕儿童哲学的核心目的，结合学校特点，开展了一系列“儿童哲学”

活动（见表 2–4）。

表 2–4　学校历年“儿童哲学”活动主题

| 年份 | 主题 |
| --- | --- |
| 2018 | 呵护童心，致敬童年 |
| 2019 | 对话成长，致敬童年 |
| 2020 | 探寻生命色彩，致敬别样童年 |
| 2021 | 童言童语话马哲，悦思悦享敬英雄 |

## （二）哲学月活动设计

### 1. 活动目标

学校儿童哲学月最初在 2018 年启动，并于每年 11 月第三个星期举办，是以“4C”素养发展为核心，根据学生自主选择的日常生活主题，结合“谈话课”“哲学墙”“哲学时刻”等载体开展的活动。其目的是引导与启发儿童原有的思考潜力，同时端正儿童的学习态度，培养他们推理、判断、创造的能力，并使其养成随时反省、检视自我、为自己思考、寻求意义的哲学习惯，从而营造良好的校园哲学氛围。

### 2. 活动内容

学校儿童哲学月活动围绕“提问周”“思考周”“对话周”“分享周”四大板块开展各项活动。

（1）“提问周”

利用孩子的自然好奇心，从日常生活着手，抛出哲学月主题，鼓励学生进行提问，用语言表述清楚自己的问题，教师对学生提出的问题进行征集。

（2）“思考周”

教师在“提问周”的基础上统计并按学段梳理出学生感兴趣的问题并进行展示，学生可以选择任意问题进行进一步的讨论和思考，并把自己的思考用写或画的形式记录下来。

（3）“对话周”

学生和同学、教师、父母从问题出发，进行哲学对话，教师不再是知识的传授者，而是顾问，给学生提供自己的经验并和学生交换心得。

（4）“分享周”

学生就自己讨论问题所获得的想法进行分享，教师和父母就自己的想法进行分享。

### （三）哲学月活动实施

学校开展的主题为“童言童语话马哲，悦思悦享敬英雄”的第四届儿童哲学月活动中，全校师生共读英雄故事，学习英雄精神，通过画英雄、演英雄、赞英雄等方式，向英雄人物致敬。

#### 1. 提问周

在提问周，全校师生观看了学生精心准备的课本剧《小英雄雨来》。随后，学生们关于“英雄”话题展开了热烈的讨论。“怎样的人可以被称为英雄？”“我们身边有英雄吗？”提问探讨的环节让大家打开新的思路，散发思辨的魅力。启动仪式结束后，学生提出了许多关于“英雄”的问题，并制作了英雄书目推荐卡。教师整理学生的推荐卡，以学段为单位罗列出了必读英雄书目和选读英雄书目（见表 2-5）。

表 2-5　各学段关于“英雄”的必读书目与选读书目清单

| 年级 | 必读书目 | 选读书目 |
| --- | --- | --- |
| 一、二 | 《鸡毛信》《刘胡兰》《雷锋日记》《海娃的故事》《最小的红军》 | 《红军长征的故事》《消防总动员》《平凡的英雄》《邱少云》《抗日民族英雄杨靖宇传奇》 |
| 三、四 | 《上下五千年》《中华民族英雄故事》《雷锋的故事》《少年英雄王二小》《谁是最可爱的人》 | 《岳飞抗金的故事》《郑和下西洋》《郑成功收复台湾》《林则徐虎门销烟》《杨利伟的航天梦》 |
| 五、六 | 《雷锋的故事》《红岩》《假如给我三天光明》《小兵张嘎》《小英雄雨来》 | 《袁隆平的故事》《红日》《林则徐传》《郑成功传》《黄继光的故事》 |

2. 思考周

在思考周，学校以学段为单位，对学生的提问进行了统计和筛选，挑选出了各学段的十大问题并进行了公布（见表 2–6）。相关学段的学生可以任意挑选自己最感兴趣的话题，把自己的想法通过图文并茂的方式记录在哲学卡上，与大家分享、交流自己的观点。

表 2-6　各学段关于“英雄”的十大问题清单

| 年级 | 十大问题 |
| --- | --- |
| 一、二 | 1. 怎样才能成为英雄?<br>2. 英雄为什么这么勇敢?<br>3. 每个人都能成为英雄吗?<br>4. 为什么我们要永远铭记英雄?<br>5. 英雄面对危险会害怕吗?<br>6. 我们身边有没有英雄?<br>7. 我可以成为英雄吗?<br>8. 我也想成为一名英雄，可是我这么小，能做什么呢?<br>9. 如果想做小英雄，遇到困难需要怎么做?<br>10. 我们怎么向英雄学习? |

续 表

| 年级 | 十大问题 |
| --- | --- |
| 三、四 | 1. 和平年代需不需要英雄？需要什么样的英雄？<br>2. 英雄与普通人有什么不同？<br>3. 英雄有大小之分吗？<br>4. 为什么现在英雄越来越少？<br>5. 新时代的英雄是怎样的？<br>6. 英雄的责任是什么？<br>7. 什么样的行为叫英雄行为？<br>8. 只有以前对国家有很大贡献的人才能叫英雄吗？<br>9. 英雄在做出伟大事迹时会害怕吗？<br>10. 作为英雄，该怎么把这种品质传承下去？ |
| 五、六 | 1. 和平年代需不需要英雄？需要什么样的英雄？<br>2. 英雄与普通人有什么不同？<br>3. 英雄有大小之分吗？<br>4. 为什么现在英雄越来越少？<br>5. 能力越大，责任越大，当英雄会很累，甚至失去生命，为什么还有人要去当英雄？<br>6. 英雄的责任是什么？<br>7. 什么样的行为叫英雄行为？<br>8. 只有以前对国家有很大贡献的人才能叫英雄吗？<br>9. 英雄在做出伟大事迹时会害怕吗？<br>10. 作为英雄，该怎么把这种品质传承下去？ |

### 3. 对话周

在对话周，学校积极组织开展亲子对话、小组对话以及师生对话，教师们利用谈话课（以提高学生认知水平、道德水平为目的，通过丰富的主题、灵活的形式、巧妙的问题设计所开展的课）时间和学生就主题内容进行讨论，展开思维火花的碰撞，学校教师还分别执教了绘本课“小猪变形记”的中文版和英文版以及“我有一个梦想”。

对话周中，教师们着重关注学生的语言表达能力，当学生词不达意或者很难表达的时候，教师会给学生充足的时间思考、组织语言，尽量使其能清晰地传达、交流想法，使活动“儿童化”。

**例 2–1 “小猪变形记”片段分享**

师：同学们，我们来看大屏幕。小猪为了变成这些动物，它想了很多办法，请你看看，小猪想的办法一样吗？

生：不一样。

师：好，那我们来给小猪的办法分类。怎么分呢？请移动这些图片来分类。谁先来？

师：请你来。我们大家仔细看看他是怎么分类的。

生：这一类是往自己身上装上东西，这一类是给自己身上画上东西。

师：你很会动脑筋，你是说他们装饰的方法不一样是吗？

板书——装饰方法

生：装饰了鼻子的一类，没有装饰鼻子的一类。

师：你特别关注了小猪的鼻子，观察很仔细。你注意到了装饰部位的不同。

板书——装饰部位

生：这一类是会飞的，这一类是不会飞的。

师：这样分，老师都没想到。你真会思考。考虑到装饰的作用不一样。

板书——装饰的作用

师：老师发现同学们真是太会动脑筋了，能想出那么多分类的方法。

#### 4. 分享周

在分享周，学生寻找生活中的英雄，用画笔绘出自己心目中的英雄人物和英雄形象，用文字记录下这次儿童哲学月的哲学思考，和父母、同学以及教师分享自己关于英雄的哲学感悟。各个职业的父母和各科老师也与学生一同分享关于英雄的思考。

**例 2-2 我眼中的英雄**

**英雄的责任是什么？**

笑笑：英雄需要保卫国家，但有些英雄他们很普通，只做一些小事，比如扶老人过马路，这也是英雄的责任。

乐乐：我觉得英雄没有固定的责任，因为英雄不一定要上战场杀敌，也不一定要奔赴一线，各行业英雄责任都不一样。

晨晨：英雄的责任就是保家卫国，为社会做出贡献。

哲哲：我认为英雄的责任就是在紧急危难的时刻，面对困难，不退缩，不恐惧，勇敢地站出来，帮助他人。

**怎么样才能成为英雄？**

理理：只要能为人民服务，我想就能够成为英雄。

妍妍：字典中对英雄的解释是为人民利益英勇斗争而有功绩的人。我认为对人类做出巨大贡献的人才能成为英雄。

心心：我们要拿好手中的笔杆，好好学习，天天向上，为长大后像英雄一样建设祖国做好准备。

溪溪：我觉得要好好学习，为以后成为英雄打下扎实的基础，碰到困难不害怕，坚持到底，做最好的自己。

支撑英雄的信念是什么？

森森：支撑英雄的信念就是英雄的梦想，它鼓舞着英雄前进，是英雄一生的选择。

辰辰：杨靖宇在老林中打鬼子，说过这样一句话，“我有我的信念，我们中国人全投降了，还有中国吗？”所以，我想英雄的信念一定是保护中国。

冉冉：支撑英雄的信念有好多，如家人的等待、人民的希望、自身的坚强。

晗晗：我觉得支撑英雄的信念是一颗热血沸腾的心，当英雄想要保护他人时，这颗心就会沸腾起来。

### （四）哲学月活动价值与反思

#### 1. 拓宽学生思维空间，促进学生思维的可持续性发展

孩子是天生的哲学家，他们很早就开始问“为什么”。所以当儿童开始问“为什么”时，就表示他们已经在进行哲学性的推理了，但对于小学生而言，他们的思考仍需以一定的经验为基础，特别是低学段学生，需要通过某种可见的、可操作的方式来展现其哲学性的推理。学校举办的哲学月活动就给学生的思维发展提供了更多可能，比如和学生一起讨论“英雄”的时候，让他们画一画心目中的“英雄”是什么样的，眼前看到的是什么样的，未来憧憬的是什么样的，这种直接刺激推动他们在生活中去观察、对比、判断和思考，从而对英雄形成更全面的认知与理解。此外，学校哲学月倡导以对话（生生对话、师生对话、亲子对话）方式推动问题的解决，学生在反问和追问中不断切换新的角度，引入新的经验，对话的过程即持续性的思考过程，有效促进了学生思维力的可持续发展。

### 2. 拓展学生生活经验，发展学生的批判性与创造性思考力

传统的教育认为要进行严密的逻辑训练，必须牺牲想象力及创造力。儿童哲学却认为创造性的活动会促进逻辑思考，反过来，发展逻辑思维能力也会促进创造力的发展，二者相辅相成，而其中很重要的过程就是学生能有效地整理信息，并且能运用已有知识，加工理解信息，得出自己的结论。所以，思考力的第一步，就是信息的捕捉和整理能力。这就要求学生具有一定的生活经验，学校儿童哲学月的主题紧紧贴合当下学生的日常生活，学生在思考问题时可以有效、快速地从生活中获取有用的信息，以此来证实自己的想法，并在所获取的信息的基础上进行思维的发散和拓展。这个从生活中搜集整理信息并对信息进行加工和重构的过程，就是批判与创造思考力发展的过程。

### 3. 拓展学生表达机会，推动其成长和人际交往能力的发展

对儿童而言，与他人的讨论及讨论之后的反省是他们进行哲学思考的适当时机，讨论能使儿童觉察他人的人格特质、兴趣、价值观、信念，甚至成见。这种洞察力是讨论最有价值的副产品，有助于儿童对他者做合理的判断，从而促进儿童成长并助力他们走向成熟，这也是儿童社会性发展的首要条件。在哲学月活动中，我们不难发现，学生大多数时候都想要去对话，去表达自己的想法，这不仅是思维发展的过程，更是语言表达能力发展的过程，当学生词不达意或者很难表达的时候，教师往往会用“想一想，把话说明白”“你能学着他刚才的话再说说吗？”“你能试着用因为……所以……把你的想法表达清楚吗？”这样鼓励性的话语给学生充足的时间思考、组织语言，尽量使其能清晰地传达、交流其想法，这充分锻炼了学生的语言表达能力，营造了良好的交流氛围，让学生愿意说、喜欢说。

### 4. 拓展学生实践机会，增进其对道德的理解

儿童哲学强调对伦理的探究，而非灌输给少数成年人特定的道德规则。李普曼认为让儿童进行逻辑性的推理有助于其解决各项问题，包括道德层面的问题。教师在选择主题的过程中，往往会选择具有道德感、可探究的正向主题，让学生在参与活动的过程中参与道德的具体实践，进而了解形而上学、认识论、美学，以此来帮助学生了解合理的道德判断的重要性，促进学生伦理敏感性及伦理关怀的发展。

### 5. 拓展生活渠道，培养其获取生活经验的能力

李普曼认为，儿童所重视的是他们自己能够从生活中发掘出的意义，而不是他人给予其的意义。这种发现事物意义的方法有七个方向。一是发现多种选择，探索替代性：帮助儿童养成考虑相反意见的习惯，并使其认为相反的意见也有可能是正确的。二是理解公正无私：发现不同的角度都有正确的可能性，创造条件使儿童能够获得公正无偏见的体验，助力其形成更客观、更公正的态度。三是辨识一致性：发现文字、言行和行为本身的一致性并发现生活经验的意义。四是发现为信念提供理由的可能性：信念是一个人的人生观和生活方式的基础，鼓励儿童向彼此的想法挑战，这种对话会促进儿童进一步思考自己的信念是如何产生的。五是学会全面地考察问题：帮助儿童将所有想法联结起来，建立自己整体的主张和价值体系，并以此面对未来的生活。六是理解和应对各种情境：学习掌握情境中的重要因素，并对其进行正确的解读。七是发现事物之间的联系：感知部分与整体的关系，协助儿童将部分建构成整体，发现属于自己的生活哲学。学校儿童哲学月活动将抽象鲜明的主题与生活连接，并延伸至学生触手可及的生活环境中，比如寻找身边的“英雄”，帮助学生从生活经历中获取意义。

当然，由于学校举办儿童哲学月的经验有限，在活动进程中难免会碰到各种问题，比如选择的主题趣味性不够、活动的形式缺乏多样性等，这都需要加强专业研究、实践以及教师培训。此外，儿童哲学月的谈话讨论方式与中国古代教育中的对话式教学有很多相似之处，我们未来准备加强这方面的研究，将儿童哲学月活动与我国古代教育中的优秀传统结合起来，以期对学生的思维发展能力和语言表达能力产生更为深远的影响。

## 三、柚子节——校园综合实践的类型与实施

自建校以来，校园里就种着三棵柚子树，这些柚子树见证了学校的发展，也见证了学生们的成长。课堂上，老师用柚子树的果实、树叶、树枝等传授知识；课间时，学生常在柚子树下游戏，享受童年的欢乐。冬去春来，围绕着柚子树，发生了很多故事：

> 炎热的夏季，高高的柚子树下有一大片树荫，学生最喜欢在这大树底下追逐嬉戏。“看，柚子树好像又长高了。”“是啊，我觉得中间的这棵柚子树最粗。”“等我长大了，要发明一个像树荫这么厉害的遮阳装备。”
>
> 秋天的一次课间，学生聚在柚子树下，看着树上的柚子在讨论。“今年的柚子可真多！”“我妈妈说，这些柚子不能吃。”“我就吃过爷爷奶奶家院子里柚子树上摘下来的柚子呢，很甜的。”……“咦，这棵柚子树为什么还没动静？”“难道柚子树也生病了，是不是缺少营养啊？”“我有牛奶，我们给树浇牛奶吧，可以让树更强壮。”“我们一起找找柚子树生病的原因吧”。

我们能感受到学生对这三棵柚子树非常感兴趣，为了激发学生的学习兴趣，提高他们解决实际问题的能力，培养其社会交往能力和社会情感，学校结合孩子的兴趣点，开展了一系列活动（见表 2–7）。

表 2–7　历年“柚子节”活动主题

| 年份 | 主题 |
|---|---|
| 2013 | 快乐小芽儿　柚子大作战 |
| 2014 | 我为柚子代言 |
| 2015 | 我为春芽柚子打 call |
| 2016 | 喜迎 G20　快闪柚子 show |
| 2017 | 柚子狂想曲 |
| 2018 | 好吃“柚”好玩 |
| 2019 | 柚子三原色 |
| 2020 | “柚”遇见美好 |
| 2021 | 柚遇见　柚学习　柚分享 |
| 2022 | “柚”思　“柚”玩　“柚”思考 |

## （一）柚子节校本活动的价值

近些年来，中小学尤为注重对学校特色资源的挖掘与整合，并积极推进育人校本活动开发。学校开展柚子节活动，旨在调节和缓解原有的相对封闭的模式，借助校园自产的柚子，让学生感受自然的馈赠，有效地拓展道德学习空间，持续提高育人实效。

1. 顺应儿童天性，推行劳动育人理念

柚子节融合了劳动、学习、创造等多种学习形式和学习内容，让学生亲自参与摘柚子、数柚子、量柚子、做柚子茶等活动，既丰富了学生的课余生活，引导他们发现自然之美，又有助于学生在劳动实践中健康成长，在体验劳动收获的同时，可以培养他们热爱学校、热爱劳动和珍惜劳动成果的品质，进而推动劳动育人理念的发展。

2. 顺应时代变化，丰富育人资源

学校融合语文、数学、科学等学科，以教师指导、家长同学、同伴互助，学校提供资源的形式，开展“数柚子”“柚子电池”“柚子汁酸度测试”“柚子小诗”等柚子节活动。在学生眼里，柚子不仅仅是柚子，还可以是脑洞大开的工艺品，他们以柚子为载体，充分发挥想象力和创造力。通过整合学校、家庭与社会的德育资源，我们不仅促进了学生的健康成长，也丰富了育人资源。

3. 构建项目体系，激发学生兴趣

柚子节校本活动以柚子为载体让学生通过项目式学习活动体会合作、感恩、责任等意识。在培养学生能力的同时，完善学生道德品质。根据学生的身心发展特点，结合学生已有的知识和生活经验，帮助学生在项目式学习中体会探究的乐趣，增强其学习兴趣。

## （二）柚子节活动设计

1. 活动目标

2012 年，杭州春芽实验学校柚子节活动启动，此后在每年 12 月柚子成熟的月份举办，活动以发挥全方位育人、全员育人、全程育人“三全育人”功能为核心，将尊重儿童天性、激发兴趣爱好、丰富教育资源与小学数学、科学、书法等学科相结合，在组织开展数柚子、分柚子、量柚子、称柚子、算柚子、摘柚子等基础活动的同时，引入柚子电池应用、测量柚子树、柚子书法、柚子旅行、柚子义卖等项目化活动，让学生在实践中获取知识，从而树立正确的世界观、人生观、价值观。通过跨学科学习将德育与其他学科整合，促进知识融合，丰盈学生的精神世界，也丰富其成长中的实践体验。

### 2. 活动内容

传统柚子节活动是在校内组织学生开展数柚子、分柚子、量柚子、称柚子、算柚子、摘柚子等一系列活动，学生通过亲身体验、动手操作，在劳动实践中感受丰收的来之不易，在合作中体会到分享的快乐（见表 2–8）。

表 2–8　传统柚子节活动

| 板块 | 年级 | 内容 | 要求 |
| --- | --- | --- | --- |
| 柚子狂想 | 全校 | 柚子“狂想” | 全校学生猜测柚子数量，各班级统计好每个学生“狂想”的数量 |
| | 一 | 数柚子 | 结合期末数学活动，安排一年级每个班的学生数一数柚子树上的柚子，大致数出柚子数量 |
| | 二 | 分柚子 | 将柚子分给全校学生 |
| | 三 | 称柚子 | 学生可自带称重量的仪器，称柚子。称一称每棵柚子树上柚子的重量和三棵柚子树上柚子的总重量 |
| | 四 | 量柚子 | 用皮尺测量柚子。安排四年级各班学生尝试用皮尺量出柚子的“腰围”，找出最“胖”的柚子和最“瘦”的柚子 |
| | 五 | 算柚子 | 测算柚子的面积。安排五年级学生以小组为单位，利用不同的方法对柚子的表皮面积进行测算 |
| | 六 | 摘柚子 | 摘柚子树上的柚子。安排六年级各班学生在老师和同学的帮助下尝试采摘柚子，并将摘下的柚子根据班级分开放置 |

特色柚子节活动是在传统柚子节活动的基础上引入一系列学科项目化活动，通过跨学科学习引导学生从课内走向课外，从知识积累到实践创新，有目标、有重点、有梯度地培养他们的自主探究能力和综合实践素养，有空间、有指导地激发学生的创造力，令其体验童年的快乐，收获童年的成长（见表 2-9）。

表 2-9 特色柚子节活动——学科融合

| 板块 | 学科 | 内容 | 要求 |
| --- | --- | --- | --- |
| 特色柚子节活动 | 科学 | 自制柚子电池 | 置换出柚子中的酸性物质中的正电荷和负电荷，制作柚子电池，让电动小车行驶 |
| | | 检测柚子汁的酸度 | 设计柚子汁水软化蛋壳、鱼骨等实验，测试柚子汁的酸度 |
| | | 自制杠杆秤称柚子 | 利用杠杆原理设计一把柚子秤，尝试用柚子秤称一称柚子的重量 |
| | 数学 | 测量柚子树有多高 | 利用光的反射性质测量柚子树树高；用气球测量柚子树的高度 |
| | | 测量柚子树树冠投影面积 | 用粉笔将柚子树树冠投影面积描出，将树冠投影面积用分割法分割为我们认识的图形 |
| | 书法 | 创想柚字 | 与校本课程“汉字之魅”相结合，低段学生在班主任老师的指导下，进行家庭硬笔书法对抗赛，高段同学利用书法课撰写不同字体“柚”字 |
| | 美术 | 设计柚子门票 | 结合柚子节活动设计一张独一无二的柚子节门票 |
| | 语文 | 写我与柚子节的故事 | 参加了六年的柚子节，说一说你对柚子节的感受，写一写你最难忘的柚子节故事，或是一首柚子小诗 |
| | 英语 | 用英语向外国友人介绍柚子节 | 设计一张英语柚子节小报，用英语在班级内演讲“我与柚子的故事”，选出柚子英语大使，向外国友人介绍学校的柚子节活动 |

## （三）活动实施

### 1.“快乐小芽儿　柚子大作战”传统柚子节活动

根据低段学生的知识结构、成长特点等，组织开展数柚子、分柚子等基础活动。让每一位学生认识柚子，能在活动中得到有效的指导和实践，进行观察、劳动和学习，获得身体和心灵的愉悦感。

（1）数柚子

秋季，一年级学生刚步入小学，对学校的一草一木都充满好奇。为了满足他们的好奇心，安排一年级学生以班级为单位，在班主任和数学老师的帮助下，分班级数一棵柚子树上的柚子。一年级学生运用自己所学的知识，通过互相复核、分区域合作等方式，数出了柚子的数量。在这一年中，三棵树共结出了 1725 颗柚子。

（2）分柚子

二年级的学生逐渐适应了校园生活。为了考验二年级学生的数学运算能力及劳动能力，为他们创造更多与其他年级沟通交流的机会，学校安排二年级学生将柚子分发给全校师生。在年级组长和班主任的陪同下，二年级学生俨然成了农场主，以小组为单位，将“园子”里成百上千的柚子分给了大家，感受到了收获与分享的喜悦。

针对中段学生的知识储备、能力、性格发展情况等特点，学校组织开展称柚子、量柚子等进阶活动。通过这些活动，让学生发挥主观能动性，在玩中学，做中学，边学边成长。

（3）称柚子

三年级学生具备了一定的数学基础，在设计活动方案时，教师希望学生能在活动中综合运用简单的多学科知识，因此，三年级的活动任务主要围绕称柚子展开，他们负责称出所有柚子的总重量，学生携带各种工具进行测量，有的同学利用电子秤称出每一筐柚子的重量再进行求和，最终得出柚子的总重量，还有的同学使用弹簧秤称出了单个柚子的重量，学生开动脑筋，在数学老师的带领下，成功完成了活动任务。

（4）量柚子

四年级的学生已经能运用基础的测量工具和算数公式，因此，四年级学生在活动中负责找出最“胖”的柚子和最“瘦”的柚子。有的学生用皮尺一个个测量比较，有的学生通过测量直径进行比较，有的学生在目测初选的基础上再运用工具测量，还有的学生负责记录数据，一组负责一筐柚子，找出每组中最大和最小的柚子，最终再进行比较。

围绕小学高段学生的教育要求，结合学生的生理、心理发展实际，学校组织高段学生进一步“解剖”柚子，以知晓柚子背后的知识载体，开展综合性研究学习，培养团队合作的精神。

（5）算柚子

五年级的学生可以开始参加一些知识难度较大、劳动要求更高的活动项目。通常，在柚子节中我们会安排他们做一些相对复杂的测量项目。比如用球体公式计算、用圆柱体公式计算、剥剪拼、用纸裹一裹等方式进行测量，发挥自己的主观能动性，选择他们感兴趣的测量方式，测量出柚子表皮的面积。

（6）摘柚子

针对六年级学生德智体美劳全面发展的特点，安排六年级的学生进行摘柚子活动。六年级学生在老师的保护下，爬上梯子，你扶我摘，轻轻地将柚子宝贝护送下来，摘下柚子的那一刻，他们真正地感受到了丰收的喜悦，体验了“果农”的日常工作，感受到了劳动的不易。

## 2.“柚遇见　柚学习　柚分享”特色柚子节活动

2021 年，学校柚子节聚焦科学项目化学习：研究柚子营养成分，撰写实验报告；制作柚子电池，让小车轮转起来；自制小杆秤，称出柚子重量。在与科学的邂逅中，学生体验到动手实践的乐趣。

（1）柚子电池的应用

学生通过制作柚子电池等实验，探索了柚子酸度和电压之间的关系，测试了柚子电池的电流大小，对柚子内在蕴含的科学有了更多认识。

**例 2-3　柚子灯和柚子车**

1. 柚子灯的制作

实验材料：电子秤、若干柚子片、若干铜片、若干锌片、若干鳄鱼夹导线、发光二极管、一个万用表。

实验步骤：

（1）揉柚子，使其变软，容易出汁。

（2）将两种柚子分别切开，一个柚子分成 4 份。

（3）使用电子秤称出重量，保证重量相同。

（4）插入铜片、锌片。

（5）装上导线，将柚子电池串联起来，增大电压。

（6）装上发光二极管。

（7）使用万用表测量两种柚子灯电路的电压和电流，并记录。

（8）对比实验数据，反复调试。

实验数据：如表 2-10 所示。

表 2–10 实验数据

| 项目 | 品种 | |
| --- | --- | --- |
| | 红心柚 | 普通柚 |
| 甜度 | 11 | 10 |
| 酸度 | 2.01 | 1.04 |
| 电流（毫安） | 0.11 | 0.1 |
| 电压（伏特） | 1.53 | 1.656 |
| 重量（千克） | 79 | 79 |

实验结果：一般情况下，柚子越酸产生的电压就越大，电流也就越大；反之，柚子越甜产生的电压就越小，电流也就越小。

2. 柚子车的制作

灵感来源：我们已经研究了柚子的酸度对电流电压的影响，还做出了柚子电池，并用柚子电池搭建电路成功点亮了 LED 小灯泡，柚子电池既然可以点亮 LED 小灯泡，那么能不能用柚子电池让电机转起来并驱动轮胎让小车动起来呢？

实验材料：一辆实验小车、若干柚子片、若干镁片、若干碳片、若干鳄鱼夹导线、一个万用表。

实验步骤：

（1）将柚子揉软（更易出汁，方便电荷的移动），剥开柚子。

（2）将镁片和碳片分别插入柚子片，制成柚子电池。

（3）使用鳄鱼夹，将许多柚子电池连接在一起。

（4）连接柚子小车的电机，让它转动起来，驱动小车前进。

实验数据：如表 2–11 所示。

表 2-11　实验数据

| 车载电机 | | 铜、锌电池 | | 镁、碳电池 | |
|---|---|---|---|---|---|
| 电流 / mA | 电压 / V | 电流 / mA | 电压 / V | 电流 / mA | 电压 / V |
| 25 | 1.5 | 0.45 | 0.96 | 1.41 | 1.59 |

实验结果：这个实验通过将 18 组柚子电池并联起来，成功驱动了车载电机，让小车的轮子动了起来，并让小车在桌面上进行了短距离运动。

分析结果：距离短是因为连接小车的鳄鱼夹比较短，小车不能将柚子电池拖走，它的活动区域仅限于鳄鱼夹的长度范围内。由于为小车供电的是柚子电池，柚子电池的电流本来就不大，要让小车长途运动很困难。

车子打滑是因为小车轮子是光滑的塑料，而桌面也比较滑，小车运动时摩擦力不够大，所以会打滑。

学生通过制作水果电池，知道了柚子能发电，并利用柚子发出的电成功点亮了 LED 灯。通过研究柚子酸度变化对电流的影响，学生得出柚子越酸，电流越大的结论，并利用电池串并联的特点，成功让小车动了起来。学生在实验中提升了动手能力和知识运用能力，提升了探究精神。

（2）柚子汁的奥秘

柚子到底有多酸呢？通过小组合作探究的方式，学生就柚子的功效和甜度进行了实验，对柚子有了更直观的了解。

### 例 2-4 柚子汁软化蛋壳、鱼骨

实验材料：压汁机、量杯、漏勺、一次性杯子、酸度计、柚子、鹌鹑蛋、鲳鳊鱼骨。

实验目的：如果柚子汁里有酸性物质，就会呈酸性。酸性物质会和含钙的物质发生反应。用含钙的鹌鹑蛋、鲳鳊鱼骨做实验材料，可以检验柚子汁中是否有酸性物质。

实验步骤：

（1）提取柚子汁。用压汁机把柚子果肉中的汁液挤出，过滤，得到黄色的柚子果汁。

（2）分别量取 80 毫升矿泉水、柚子汁、白醋，并用酸度计分别检测三种液体的酸碱度。

（3）分别把鲳鳊鱼的骨头、鹌鹑蛋放入水、柚子汁、白醋中进行对照实验，观察并记录实验现象。

实验现象：如表 2–12 所示。

表 2–12 实验现象

| 时长及pH值 | 矿泉水 | 柚子汁 | 白醋 |
| --- | --- | --- | --- |
| 初始 pH 值 | 5.95 | 3.06 | 2.71 |
| 3 分钟后 | 蛋壳无变化 | 蛋壳上有少量气泡附着 | 蛋壳上有大量气泡附着 |
| 30 分钟后 | 鹌鹑蛋沉底，无变化 | 蛋壳外层深色膜逐渐脱落，蛋壳外有大量气泡，鹌鹑蛋悬浮 | 蛋壳外层深色膜全部脱落，蛋的表面气泡密集，鹌鹑蛋悬浮 |
| 60 分钟后 | 鱼骨硬度不变，蛋壳无变化 | 鱼骨变软。蛋壳变成全白，略软 | 鱼骨很柔软，蛋壳变成全白，且很软 |
| 60 分钟后 pH 值 | 6.15 | 3.33 | 3.39 |

实验结论：通过查阅资料，我们知道pH值小于7的液体呈酸性，数字越小，酸性越强，因此柚子汁呈酸性，且酸性较强。酸性物质能和含钙的盐反应，鹌鹑蛋蛋壳和鱼骨的主要成分都是含钙的盐，当钙盐因被反应而减少甚至消失后，鱼骨和鹌鹑蛋壳就会变软，说明柚子汁里有酸性物质。本次实验检测出学校的柚子pH值是3.06，呈比较强的酸性，因此学校的柚子吃起来酸也就不奇怪了。但是每年我们能吃到学校出产的新鲜、水分充足的柚子，还是非常开心的！

（3）柚子与杠杆

我们到底该如何准确地称柚子呢？通过小组合作探究的方式，学生设计草图，制作实验，对如何称柚子有了更深入的了解。

**例2–5　设计一把杠杆并尝试称柚子**

杠杆简介：杠杆是一种简单机械，它在人类的生活中发挥着无比重要的作用。人们根据不同的需要，发明了不同的杠杆。杠杆好比是功能强大的机械手臂，有的像撬棍那样增大了力的作用效果，有的像打捞网那样扩大了力的作用范围，还有的像锄头那样改变了力的作用方向。

制作材料：木筷1双、棉线1卷、燕尾夹5个、小餐盘、剪刀、勾线笔、直尺、回形针。

制作过程：

（1）选取1根一次性筷子，用砂纸打磨光滑。

（2）将小餐盘制成秤盘，用棉绳在盘子周围绑好吊起。

（3）将1—3个燕尾夹绑起来挂在另一端制成秤砣。

（4）确定提绳位置，钻出小洞，拴上棉绳作为提绳。

（5）不放物体使杆秤平衡，找出零刻度线的位置并进行标记。

（6）放上100克物体，找出杆秤平衡时秤砣的位置并做记号。依次放上200克、300克、400克、500克物体，重复上述步骤。

（7）检测该杆秤是否准确。

制作感想：本次实验不仅让我们体会到团队合作的乐趣，还让我们再一次加深了对杠杆原理知识的印象并对杠杆这类简单机械的便利有了更深入的理解。同学们，一起带上小杆秤，称一称成熟于深秋处的柚子吧。

学生通过科学课“工具与技术”的学习，了解了杆秤的历史，明确了杆秤的制作原理，设计实验，选择合适的材料，利用杠杆原理制作杆秤称出柚子的重量，制作完成后又根据实际的使用效果进行二次改进，终于制作出了带有学校文化印记的称柚专用杆秤。在活动中，学生成为学习的主体，他们在合作中学、设计中学、制作中学，同时与同学分享实践成果，在相互学习中不断修改自己的设计方案，增强创新意识，最终让自己的作品更为完美。

## （四）活动展望：我与柚子共成长

学校通过柚子节这个校本节日强化小学生智育、德育学习，以劳动实践让学生获得对知识的直接认识。经过几年的尝试，学生各方面素质都有了提升，学校也在活动中扩大了影响力。

### 1. 直面学生体验，让兴趣闪光

柚子节为学生提供了锻炼动手能力和创新能力的平台，将学生的情感生活、道德生活、社会生活等需要有机地整合到校本活动中，采用项目化的自主学习方式激发学生的研究兴趣，组织学生参加柚子节的劳动，使劳动逐渐成为学生的一种习惯，学生通过合作完成研究项目感悟个体与集体的关系，进一步增强对“自己活动”的获得感和荣誉感。

### 2. 唤醒主体意识，让个性涌动

柚子节“以基础学科＋专项拓展”的模式，把课堂教学与课外生活有机结合起来，培养学生将获取的知识应用到社会生活中的能力。通过柚子节校本活动，打破了各个学科之间的边界，德育与各学科实现整合，促进了学科之间知识的融合，有助于实现“全员性、开放性、实践性、融合性”的课程样态。

### 3. 凸显活动质量，让品牌彰显

随着活动内容不断丰富、质量不断提升，柚子节不仅深入每个学生的心里，也已经成了学校教育工作的一张亮丽名片。活动举办十年来，不仅成为区里的十大德育创新项目，更是吸引了钱江晚报、杭州日报、蓝媒教育、澎湃新闻等媒体的报道，受到了各界的好评，赢得了社会的关注，提升了学校的知名度。

# 第三章

# 课堂里的学科实践

学科实践是指以学科学习为载体的实践活动，它将学科的思想方法与学科的探究活动有机结合。同时，学科实践是学科育人、实践育人的突破口，也是学习方式变革的新方向。学科实践的主阵地是课堂，通过在课堂内外开展学科实践，学生能在真实情境中综合运用所学的学科知识或跨学科知识解决实际问题，充分发展知识运用能力、语言表达能力、创新创造能力、问题解决能力并形成应用意识等，提高综合素养。

## 第一节 课堂里的学科实践概述

2022 年 4 月 21 日，酝酿已久的《义务教育课程方案和课程标准（2022 年版）》正式发布，其中“变革育人方式，突出实践”成为新课程改革的重要原则之一，而以核心素养为导向的“学科实践”也成了基础教育变革的重要路径之一。

# 一、概念及内涵

## （一）“学科实践”的概念

学科实践是指具有学科意蕴的典型实践，[①] 学科实践不等同于“学科＋实践”，而是学科与实践的有机融合。要理解何为“学科实践”，我们可以先从理解“实践”二字入手。

从不同层面或领域思考，“实践”有着不同的要义。哲学视角下的“实践”主要以马克思的实践观为代表。马克思的“实践”体现为经验性与超验性的统一，指的是主观性、客观性在感性活动中的统一。马克思认为，实践是认识的来源，是认识发展的根本动力，是检验认识正确与否的唯一标准。马克思的实践观要求人应该在实践中证明认识的真理性，在实践中不断深化认识、提升认识、发展认识。

社会学视角下的“实践”是个体社会化的过程，人的“实践”具有社会性。学生在习得知识并内化后，会将其通过行为表现出来，在这样的阶段中学生从“自然人”向“社会人”转变，而实践恰恰发挥着沟通“自然人”和“社会人”的桥梁作用。

心理学视角下的“实践”则更强调学生在具有实践性的具体学习情境中“做”，在应用知识的过程中深化对知识内涵的感知，在实践中完善对知识体

① 崔允漷，张紫红，郭洪瑞. 溯源与解读：学科实践即学习方式变革的新方向[J]. 教育研究，2021，42（12）：55-63.

系的建构，进而获得学习体验并形成学习效果。

教育学视角下的“实践”强调“做中学”，主张让学生从经验中求学问，在探究和解决问题的过程中获得知识和技能。美国教育家杜威先生在其著作《学校与社会·明日之学校》中写道：“获得知识不是通过阅读书本或听关于火或事物性质的说明，而是亲自用火烧一下或亲自尝试东西，这就是做些事情。”[①]也就是说，学习的过程是儿童主动参与、积极探究的过程，“做”是一种学习手段，是一种学习方式。个体应在活动中充分体验，进而在“做”的过程中获得真知。因此，实践强调人在活动中的主观能动性，强调引导儿童动脑动手、亲自参与来发展能力。

结合对“实践”的理解，我们可以将学科实践理解为学生以解决真实情境中的学科问题为目的，在实践参与中动手操作、调动思维，实现对学科知识的深度理解、整体建构、迁移应用，最终获得实践创新能力、问题解决能力，并提升思维品质的一种新型学习方式，同时实践也是提升学生综合能力及素养的有效的育人途径。

### （二）“学科实践”的内涵解读

2022 版义务教育课程方案和课程标准倡导以核心素养为导向的课程。新课标优化了课程内容结构，凸显出学科教学要加强综合性和实践性的要求，指出“强化学科内知识整合，统筹设计综合课程和跨学科主题学习”[②]。新课标突出强调“实践意识”，确立了实践育人在各学科教学方式中的重要地位。学科实践也由此成为各学科课程实施和教学活动的一大热词。究其根本内涵，

① 杜威. 学校与社会·明日之学校［M］. 赵祥麟，译. 北京：人民教育出版社，2004：251.

② 教育部. 义务教育课程方案和课程标准（2022 年版）［S］. 北京：北京师范大学出版社，2022.

可以从以下几个方面来理解。

### 1. 用学科的独特方式来学习学科

学科实践就是用学科独特的方式来学习学科内容，关注具有学科意蕴的典型实践，[①]是将学科的思想方法与学科的探究活动具体结合的一种学习方式。新课标期望以学科实践为支点，撬动传统的育人方式，进而构建以实践为中心的新型育人方式。因此学科实践绝不仅仅是在原有的学科方式上添加一些流于形式的“实践”或“活动”，而需要教师真正去思考和挖掘自己所授学科的实践方式，让学生能够在实践的过程中学习，在操作和体验中感受知识的形成与运用，引导学生用学科独有的学习方式去整合自己已有的知识与技能，以学科的视角去观察生活中的真实问题，用学科的独特思维去解决与学科相关的真实问题，用学科独有的语言去表述，进而形成学科思维，从而实现学科的育人价值。

### 2. 用实践的学习方式来学习学科

核心素养强调培养学生综合解决问题的能力，仅凭记忆、复述、操练等机械性的学习方式无法帮助学生真正地消化和理解知识，也无法将知识转化为能力。马克思主义实践观强调学习是“实践、认识、再实践、再认识”循环往复、螺旋上升的认识形成过程。学生只有亲身参与实践，在实践中亲历知识产生的完整过程，“学了”才能转变为“学会”，理论知识才能真正被内化；另一方面，知识的内化也能让学生更好地参与后续的实践，进一步反思、重构自身所了解的学科知识。因此，学科实践就是用实践的方式来践行学科

① 崔允漷，张紫红，郭洪瑞. 溯源与解读：学科实践即学习方式变革的新方向[J]. 教育研究，2021，42（12）：55-63.

思想与方法，让学生在实践的过程中实现知识的意义建构，最终达成核心素养提升的终极目标。

#### 3. 用统一的育人方式来学习学科

学科实践的终极目标绝不是将知识教给学生，而是培养具备现代核心素养的人。在核心素养时代，全面育人是课程改革最重要的目的之一。但目前学习方式转变的困境之一就是求知与育人被割裂，过分地以知识为中心。学科实践则能弥补传统学科教学过于注重知识传授的不足，要求学生在学科实践的过程中掌握必要的学科知识，也要求学生熟练运用学科思维和方法探索和解决问题。学科实践的育人价值则在于学生可以在具有情境性和实践性的学习活动中发展解决问题的能力，发挥自身的能动性，通过个体的洞察、想象、推理和判断，搭建新知识与旧知识之间的认知桥梁，可以在具有社会性和交往性的同伴互动中，形成积极的情感、态度、价值观等品格。

## 二、课堂学科实践的特点

基于对学科实践概念及内涵的理解，我们认为学科实践有以下几个特点。

### （一）学科性

学科实践属于学科教学活动的范畴，学科知识和技能的学习是学科实践展开的基础。学科实践需要围绕特定的学科来设计、组织和开展，抓住所教学科的本质及思想方法，才能使学生的学科核心素养得以发展。因此，其学科性便突显出来了。在实际教学中，教师应在教学活动中充分体现学科特点，创设合理真实的实践情境，选择适合的教学手段组织学生开展学科实践活动，让学生在实践中感受知识的本质和学科的特点。

### （二）实践性

实践性是学科实践的基本特征。学科实践强调实践参与和知行合一，强调学生在真实情境中解决问题并亲历知识形成或运用的过程。学科实践活动加强了理论与实践的结合，将学生的学习转变为在具有真实性和学科性的情境中解决问题的过程。通过学科实践，学生在参与主体活动的过程中依托实践进行知识的内化和外化，建构立体的知识体系，促进能力发展及素养提升。

### （三）综合性

学科实践的综合性体现在两个方面。一是知识运用的综合性。无论是学科课时内、单元内，还是跨课时、跨单元甚至跨学科，都需要学生综合运用相关的知识技能和思想方法展开活动，并在实践过程中提升综合素养及能力。二是问题解决的综合性。在学科实践中，真实情境下的问题解决往往需要学生综合运用观察、分析、操作、反思等多种实践方法来完成实践任务，从而在多元化的互动交往中获得综合能力的提升。

### （四）开放性

学科实践的综合性决定了其必须具备足够的开放性。开放性主要表现在四个层面。一是过程和活动的开放。要引导学生学会运用多感官参与、从多维度思考，给学生充足的自主探索机会。二是活动空间的开放。学科实践的活动空间不应局限于教室，如能够为学生提供与问题情境相适切的活动空间，教学效果会更出色。三是师生关系的开放。在学科实践的过程中，相互尊重、平等民主的良好师生关系能够助力教学活动的有效推进，教师在学科实践中扮演的角色可以是引导者、合作者、评价者等。四是结果呈现的开放。实践结果的呈现形式应是多样化的，结果的开放更能激发学生的创新思维，实践结果的呈现既可以以实物展示、方案发布等形式展开，也可以是调查报告、学科小论文等书面形式，开放的结果呈现能让不同特质、不同层次的学生可以以适合自己的方式达成学习目标。

## 三、课堂学科实践的价值

### （一）革新知识本质：知识由静态形式转向动态形式

传统的学习中，知识是书本上的概念、叙述、结论等具有结果性和确定性的名词。而学科实践的意义就在于将这些名词转变为需要学生探究、参与、运用的具备实践性的动词，真正将知识由静态形式转变为动态形式。传统的教学方式传授的是静态的人类文化，并不注重知识探究和运用的过程。学科实践则在静态知识的基础上，强调通过在真实情境下动态地解决问题从而得到知识，在运用中感受知识的形成过程。

### （二）转变学习方式：学习由坐而论道转向知行合一

“坐而论道”是传统教学的典型模式，将听、看、背、记、练等技能训练作为学生学习的重点，强调对静态知识和技能的识记及掌握，“填鸭式”教育和“题海战术”便是典型的坐而论道式学习方式。这样的学习方式导致学生将理论学习和生活实际割裂开来，无法将学到的知识运用于生产生活中。学习方式的转变不仅是育人的要求，更是时代变革的要求。学科实践强调在做中学，其知行合一的学习方式打破了传统的教育模式，将学生从书本中解放出来，他们能够在真实情境中亲历知识的形成和运用过程，能够真正学以致用。

### （三）变革育人方式：育人由学科学习转向素养形成

作为学科知识学习和学科核心素养形成的桥梁，学科实践给学生提供了创造和应用学科知识的机会，在多样化的综合活动中发展核心素养，实现学科对人的辐射作用。传统的学科学习更关注课程本身，更关注学生是否习得知识，知识是否正确完整，而忽视了学生的主体性。但仅仅关注知识习得是无法推动素养发展的，唯有实现知识和行为的融合才有可能促进素养形成。因此，学科学习只有向学科实践转变，学生的学科素养发展才能切实落地。同时，知识、实践、素养三者是一个有机整体，个体只有通过对学科知识的探究、实践、应用才能发展学科核心素养。换句话说，学科核心素养的形成依赖学科知识和学科实践两者的融合。由此，学科实践变革了育人方式，将人的素养培育提到了新的高度。

# 第二节　学科实践内容研发

## 一、研制问题链

朱熹说："读书无疑者须有疑，有疑者却要无疑，到这里方是长进。"亚里士多德说："思维自惊奇和疑问开始。"实践证明，提问是开启学生思维的钥匙，是思维的启发剂。课堂教学提问能打开学生的思路，启迪学生的思维。课堂提问是教学互动的必经途径，是课堂教学的风向标，也是检验教学成果的试金石。课堂提问是教师与学生进行思想交流的主要媒介，是有效提高教育水平的方法之一，也是实现课堂互动的前提。简洁扼要的提问方式，是一种有效的教育方法，它不仅能充分展现课堂精髓并帮助学生整合语言信息，而且还能培养学生的思维能力，让学生从深层次、多角度论证和思考问题。

有效的课堂提问对教师按课堂预设进行教学活动、达到教学目标起着十分重要的导向作用。有效的提问应能激发学生强烈的求知欲望，诱发学生思维的积极性，促使其将知识内化，从而真正成为学习的主人。

提问，作为一种教学方法或手段，已成为所有教师在课堂教学过程中最普遍的教学行为。教师提问作为言语工具，可联系学生、教师的个体认知，交流师生间、学生间的群体认知，连接思考、发言与学习过程，推动课堂讨论深入进行。以解决问题为实践学习的起点，围绕解决问题展开学习。将学生置于问题情境中，解决真实问题，实现高阶学习带动低阶学习。

## （一）问题链的概念

“问题链”是建立在学生已有的知识和经验基础上，针对课堂教学重难点，按照“层层递进、逐渐深化”的原则，把几个相对独立又彼此关联的问题联结起来形成的“问题链”。教师结合学生已有的认知水平和生活经验，创设特定的“问题”情境，让学生在学习的过程中，发现问题和解决问题。问题链中的每一类问题都可能引发学生思维间的碰撞。他们通过独立思考或者小组合作的形式，分析问题、解决问题。因此，“问题链”的提出者不应仅仅停留在教师层面，而应该是师生双方围绕环环相扣的问题情境，进行多元、全面的学习和探索。

## （二）问题链的类型

### 1. 以问导学

教师通过课堂提问，引导学生深入思考，包括核心问题引领和连锁问题深入两种模式。

（1）核心问题引领

设计与使用核心问题要具有精准的靶向思维。好的“问题链”可以把核心问题分解成与之紧密相连、系统呈现的一组“卫星”问题。

以音乐学科为例，教师需要围绕音乐主线，凝练核心问题。初听音乐后，教师必须围绕音乐主线，凝练出本源性的问题，促发学生的思考。

**例 3-1　核心问题引领的音乐课**

在讲授《但愿人长久》时，教师先提问：“我们可以从哪几个方面去赏析？”再让学生欣赏。孩子们小组讨论后设计了以下问题：歌曲的速度、力度是怎样的？想表达什么样的情绪？歌曲分为几个部分？可以看出，这些问题还是比较浅层次的。平时在欣赏音乐的时候，教师引导学生从音乐要素上去分析，孩子们自然而然就会讨论出这几个问题。然后他们自己就把这些问题解决了。教师又说：“既然音乐分为两个部分，这两部分旋律的走向、节奏特点有什么不一样？”然后再放音乐给孩子们听，学生听完后又产生了一些疑惑：两部分旋律的走向、节奏特点有什么不一样？歌曲每个乐句结束音有什么特点？表现了怎样的情景和情感？装饰音对歌曲的表达起到了怎样的作用？用怎样的气息、方法演唱才能表达出歌曲的意境？

孩子们在边讨论边解决问题的过程中完成了音乐欣赏。

音乐不仅是音乐要素（音符、旋律、节奏、节拍、和声等）之间的简单组合，它还可以激发人们的情感共鸣。这一案例中，学生就是在边听边跟唱边讨论解决问题的过程中完成了音乐欣赏。凝练出合适的核心问题作为学生学习的“脚手架”，能够促发学生思考。学生通过小组合作学习探讨，在逐一解决问题的过程中熟悉乐曲的旋律，充分体验和尝试用歌声表达歌曲的情感。他们讨论所形成的这些问题也许并不是最完整、最深刻的，但这种尝试、探究以及对新问题的再思考却是最有价值的，推动着他们思维阶梯的构建。

在儿童哲学中，哲学问题是开放的、无标准答案的。教师的提问不是旨在传递知识或价值观，而是意在促进学生思考，让学生在不同观点的讨论中充分展示自己的想法，从而独立思考。从学生凌乱的问题中快速梳理出、设计出核心问题，是教师执教儿童哲学课的重要技能。

**例 3–2　核心问题引领的儿童哲学课**

以绘本《勇敢的克莱西》为例。教师先根据绘本内容和第一学段儿童的生活实际，寻找绘本中能唤起学生共鸣的细节，从而确定关键词“一样”和“不一样”；再根据关键词来设计哲学问题，即从克莱西的“不一样”中去思考“一样好”还是“不一样”好，就此引发学生衍生出新问题、新见解、新思考。当然关键词也可以从对立面思考，这样有助于提出核心问题。

（2）连锁问题深入

由基本问题衍生出来的一系列紧密的有逻辑联系的问题即连锁问题，连锁问题小而精，具有开放性、进阶性，能够将思考推向纵深、丰富、多元，使整个探究过程、探究活动有序、有效，有梯度、有深度。

英语教学中的问题有时候就像台阶一样，如果没有问题，学生就没有了台阶，不知道该往哪里走。如果教师实时抛出这些问题，学生的思绪马上就有了方向，不再漫无目的。

**例 3–3　连锁问题深入的英语课**

六年级上册第五单元 B Let’s learn 这节词汇课的 4 个职业的单词其实离学生的生活实际还比较远，学起来会比较枯燥。学生在进入六年级后，英语学科的成绩差异也越来越大，一些孩子课本上的内容已经学过了，但仍有大部分的孩子还需要老师“来教”。这个时候教师巧妙地设计一系列问题，那些有基础的孩子可以先通过思考来回答，不会的孩子在听到同学们的不同答案后，新单词习得也达到了一定的量，这样他们也从听别人回答，到了自己能回答问题的阶段。例如，老师提问：What is fisherman like? What can fisherman do? What does fisherman have? 学生精彩回答：Fisherman can swim! Fisherman is black! Fisherman work outside.

在儿童哲学课程中，教师追问的技巧可以帮助学生发散思维，使其养成自问反思的习惯。

**例 3-4　连锁问题深入的儿童哲学课**

以绘本《十一只猫做苦工》为例。虽然通过观察和讨论，学生和“小猫”一样，对“规则”一词基本达成了共识。但学生对“在特殊情况下，小猫是否要遵守规则”的问题产生了疑惑。这时，教师发出一连串追问“路上无人无车时”“小猫生病要送医院时”“小猫病情危急分秒必争时”，是走天桥还是直接穿马路？教师的追问让学生重新审视“规则”。无论是继续坚持遵守规则，还是打破规则，学生都有了进一步的深入思考。

### 2. 以问促学

以问题为核心，促进学生的合作学习。以小组讨论研究为核心方式，每个小组 4—6 个人，研究和讨论学科核心学习问题。

在语文学科的课堂讨论环节中，学生思考后提出自己的问题，教师组织学生将所有问题进行归类，选择一个大家共同的、最根本的问题作为讨论话题。选定的话题必须是具有讨论价值的、能引起学生深入思考的问题。问题应具有开放性，形式包括“什么是……”“A 与 B 哪个更重要？”“为什么……”，例如：什么是大？什么是小？你认为金钱和时间哪个更重要？为什么一个人玩也可以很快乐？明确话题后，教师引导学生大胆表达自己的观点，进入开放式讨论环节，并随机提出问题：你对这件事有什么看法？你的主要观点是什么？你的理由是什么？你认为这是对的吗，为什么？假如你是主人公，你会怎么做？学生尝试通过对自己的观点进行论证，表达自己的观点。方式有：我认为……，因为……；我不同意他的观点，因为……；如果是我，我会……

英语课程中，很多课堂提问和交流都只有一个话轮，学生的回答有时就是条件反射，根本不是思考后的产物。有些教师担心学生没有能力连续回答，这种担心是完全没有必要的，只要问题之间有内在联系，能让学生持续思考，让学生适应老师的连续提问完全不是问题。

**例 3–5　以问互学的英语课**

六年级上册第五单元 B Let's talk。这是一篇谈论叔叔职业和生活方式的对话。整个对话难度不高，但是有一些看似和本课的教学重点联系不紧密的对话内容。对于这部分内容的教学设计，教师并没有回避，而是把这些词汇让学生通过听，进而再重点讨论。学生围绕老师设计的两个连续的问题，真正用英语思维进行思考，在解决了这两个问题后，再结合职业，围绕这个话题进行讨论，让思考更进一步。问题：What is healthy life? How to stay healthy? 学生精彩回答：Do sports everyday! Go to school on foot! Help others!

在“欣赏”“综合性表演”“小组合作”等音乐实践中，教师可以根据主标题设计问题，也可以根据课时目标来设计，从而使音乐教学更具形象性。学生在问题的引导下，不断解决问题和产生新问题，并在此过程中加深对音乐的理解。

**例 3–6　以问互学的音乐课**

学习人音版第十一册第一单元《茉莉花》时，教师依次给学生播放了江苏民歌《茉莉花》、东北民歌《茉莉花》和河北民歌《茉莉花》，引领学生进一步探索聆听、类比分析，让情感体验更具深度。聆听了三首《茉莉花》后，老师引导学生从音乐要素方面分析三首《茉莉花》的特点。全班讨论后，设计了学习单。学习单就是一幅有逻辑关系的结构图，帮助学生从节奏、速度、旋律、力度、情绪、结构等要素来分析和体验音乐。教师提供了龚琳娜演唱东北民歌《茉莉花》的视频。学生们被歌手夸张的表情、豪迈的演唱风格所带动，自然而然地跟着唱出了东北人的腔调。教师又提供了《让世界听见中华好民歌》的片段，里面有不同版本的《茉莉花》，让他们深入体验《茉莉花》的各种风格。

教师在提供资源时，除了教材，还可以选择与教学内容相关、表现手法相似的音乐素材来丰富教学内容，拓展学生的思维，帮他们积累更多的音乐经验，促进学生之间的交流。

### 3. 以问拓学

基于课堂核心问题和“问题链”，在学科内开展基于学科的实践学习，实现学——用——拓的一致性。

**例 3–7　以问拓学的音乐课**

在播放音乐前，教师先出示了乐曲名《小象》和《大象》，让学生猜测这两首乐曲会有什么不同。孩子们回答:《小象》速度快，情绪活泼，《大象》速度慢、情绪低沉。随后教师播放乐曲。孩子们听到《小象》时，不由自主地随着音乐舞动起来，而听到《大象》时，又模仿起大象笨重地走路、甩鼻的憨样。他们总结得出《小象》乐曲轻松活泼，表现了小象玩耍嬉戏的情景，《大象》音乐笨重低沉，表现了大象沉重笨拙的步伐和滑稽可笑的舞姿。教师引导学生继续思考："除了音乐速度、情绪不同，它们的节拍还相同吗？跟着音乐拍一拍，哪一种拍击方式适合《大象》，哪一种适合《小象》？"孩子们尝试后，认为第一种三拍子的拍击方式适合《大象》，第二种二拍子的拍击方式适合《小象》。教师肯定了他们的感受，并告诉他们以后就可以用这样的方法来感知乐曲的节拍。

在学唱《两只小象》的时候，教师提问："这是几拍子的曲子？"孩子们纷纷用前面学习的拍击方式去感受，很快得出结论，这是三拍子的曲子。而后又用同样的方法感知出《可爱的小象》是二拍子的曲子。教师引导学生跟着《小象》的主旋律"画"小象的脚印，并发现这些"脚印"都集中在音乐的前面和后面，中间的音乐则不同，像是象妈妈和小象在对话。教师提问："如果'脚印'是A，'象妈妈和小象对话'是B，那么这首曲子的曲式结构是什么？"学生回答是ABA的结构。用同样的方式，学生听出《大象》的曲式也是ABA的结构。

## 二、创编情境题

为了鼓励学生积极实践，教师往往需要在课堂教学中创设一定的情境，让学生在情境中发现问题、展开实践、解决问题。教材中的例题是将理论与实践相结合的重要环节。通过例题，学生可以深入理解并掌握学科知识，提高解决实际问题的能力。以教材中的例题为起点，教师通过带领学生解决例题来锻炼学生的实际操作能力和解决问题的能力，进而提高学生的学科素养和实践能力。

### （一）难度适宜

例题的选择首先要考虑是否和目标相匹配。难度过高，学生可能会感到挫败，无力实践；难度过低，学生可能会感到无聊，认为没有展开实践学习的必要。

**例 3–8　节约用水**

驱动性问题：调查家里不同的水龙头存在哪些浪费水的行为，猜测这些行为每次浪费几升水。

项目目标：

（1）估算家中每个水龙头一周的用水量，根据估算结果，识别家里存在哪些浪费水的行为。

（2）选择某一种浪费水的行为进行研究，估算这种行为每次浪费多少升水。

（3）根据数据分析结果，作出节水倡议书，提出节水建议。

学生方案：

（1）方案一：用盆接水然后用 0.5 升水瓶测量。

（2）方案二：用长方体接水，直接计算。

（3）方案三：水流量 × 时间计算。

（4）方案四：读水表。

在这个驱动问题中，“调查家中水龙头存在的浪费水的行为”，任务简单易操作。学生可以通过实际调查以统计图表的形式呈现结果，但浪费水量的计算任务具有一定的挑战，每个小组都需要找到合适且可行的计算方案。最后的结果出现了不同的方案，有简单易操作的，也有过程虽然复杂但切实可行的。每个实践小组都有不同能力水平的学生，可以实现带动的作用。

## （二）激发兴趣

例题要满足学生的好奇心、求知欲，学生才愿意围绕例题开展实践学习。学生对例题缺乏兴趣，那么实践学习的效果也会大打折扣，甚至无法开始。

**例 3–9 “确定起跑线”课**

“确定起跑线”是人教版六年级上册数学教材中的内容，教材呈现的是一个“良构问题”，所需信息完备，解决问题的路径也十分明确。如若按照教材给出的路径进行常规教学，教材中的综合与实践课，主题虽然贴近现实生活，教学设计也有小组活动、实践操作等，但是小组活动只关注计算方法的优化和通过数据发现规律。在教学过程中，教师往往将各项数据直接提供给学生，要求同学们用不同的方法计算相应数据。学生并不能真正地参与实践活动，学习过程十分枯燥，这样就不能发挥学科实践的真正价值。

为了提高学生的学习兴趣，让学生能深入研究真实问题，在开展活动之前，教师播放了奥运会田径项目 100 米比赛和 400 米比赛的视频。通过准备课引导学生明确实践活动的主题，组织交流讨论环节，收集学生的困惑与感兴趣的问题，共同梳理了比较有价值的几个问题（见表 3–1）。

表 3-1 “确定起跑线”的问题链

| 问题 | 问题 | 聚焦 |
|---|---|---|
| 1 | 400 米比赛起跑线不同，比赛还公平吗? | 起跑线、弯道 |
| 2 | 为什么终点都是一样的? | 终点线 |
| 3 | 不同跑道之间起跑线的距离差是多少? | 距离差 |
| 4 | 为什么 100 米的起跑线在直道上而 400 米的起跑线在弯道上? | 起跑线的设计 |

## （三）举一反三

例题要能够帮助学生举一反三，进而激发其对学科知识多维属性的探索与理解，从而实现不同认知结构之间的融通。

**例 3–10 “怎样节约时间”**

驱动性问题：怎样合理安排才能尽快完成一顿晚餐？（问题链见表 3–2）

教学目标：

（1）通过生活事例，体会统筹规划在解决实际问题中的作用。

（2）经历自主探究的过程，在寻求解决问题最优方案的过程中积累数学的基本活动经验，初步学会时间管理。

（3）突显数学与生活的紧密联系，初步形成从数学的角度发现、提出问题的能力和解决问题的能力，增强应用意识和实践能力。

表 3-2 “怎样节约时间”的问题链

| 子问题 1 | 怎样高效地制作一道菜? |
|---|---|
| 子问题 2 | 家人在准备晚餐的过程中有哪些优化? |
| 子问题 3 | 有多道菜、多种烹饪工具时，如何安排能够提高效率? |
| 子问题 4 | 生活中还有哪些方面需要统筹安排? |

在现实问题的驱动下，学生可以举一反三，在生活的其他方面进行时间优化的思考。

## 三、制定任务单

实践能力的提升是教学的难点，通过实践任务切实提高学生解决问题的能力，需要为学生搭建动脑、动手实践的平台，帮助其实现“做”“学”合一，让学生在实践中学习，在实践中创新。

### （一）基于课时的精短任务

紧密结合教材中课时内容的基础知识，基于课时内容的重点和难点，挖掘学生感兴趣的形式和载体，设计有利于加深学生对基础知识深度理解和应用的任务（见表 3-3）。

表 3-3　数学实践作业清单

| 年级 | 教材知识 | 知识领域 | 实践内容 | 实践形式 |
|---|---|---|---|---|
| 一 | 位置 | 空间观念 | 用“上”“下”“左”“右”描述自己房间各个物品摆放的位置 | 实践反馈单（照片＋文字描述） |
| | 认识图形 | 几何直观 | 找一找生活中的长方体、正方体、圆柱体、球体 | 数学小报 |
| | 数数 | 数感 | 找一找家里有什么物品，数一数分别有几个，随手抓一把米（或者其他感兴趣的物品），先估计有多少，再快速地数出来 | 实践反馈单 |
| | 认识钟表 | 创新意识 | 制作一个时钟 | 实物 |
| | 认识图形（二） | 几何直观 | 借助身边的立方体描出相应的图形；<br>用自己喜欢的图形创作一幅剪贴画；<br>用一套七巧板拼出不同的图案，比比谁的创意多 | 实践反馈单 |
| | 认识人民币 | 应用意识 | “我是小当家”系列活动 | 实践反馈单/PPT/视频 |
| 二 | 长度单位 | 量感 | “身体的尺”主题活动 | 数学小报 |
| | 角的初步认识 | 空间观念 | 找一找生活中的角 | 数学小报 |
| | 观察物体 | 空间观念 | 从不同角度观察同一物体，并记录结果 | 实践反馈单 |
| | 认识时间 | 量感 | 记录“我的一天” | 数学小报 |
| | 统计 | 数据意识 | 调查本班同学最喜欢的水果，并把统计结果记录到统计表中；<br>记录 2 月份的天气情况 | 实践反馈单 |
| | 图形的运动（一） | 几何直观<br>创新意识 | 手拉手小人儿剪纸；<br>利用图形的运动制作动态画（平移、旋转） | 剪纸<br>数学动态画 |
| | 克与千克 | 量感 | 找一找生活中重量为 1 克的物品，先估一估；<br>找一找生活中重量为 1 千克的物品，掂一掂；<br>分小组估一估物品的轻重，再选合适的秤，称一称；<br>调查家人们的体重 | 实践反馈单 |

续　表

| 年级 | 教材知识 | 知识领域 | 实践内容 | 实践形式 |
|---|---|---|---|---|
| 三 | 时分秒 | 应用意识 | 10 秒挑战；<br>记录 1 分钟可以做些什么 | 实践反馈单 |
| | 测量 | 量感<br>应用意识 | 找一找生活中长度为 1 毫米的物品；<br>体验 1 千米有多长；<br>找一找生活中用吨作单位的物品 | 实践反馈单 |
| | 数字编码 | 应用意识 | 找一找生活中的数字编码，了解这些编码包含的信息 | 实践反馈单 / PPT/ 视频 |
| | 周长 | 空间观念 | 测量树叶的周长 | 数学小报 |
| | 位置与方向（一） | 空间观念 | 认识我们的校园；<br>画一画我家在哪里 | 数学小报 |
| | 年、月、日 | 创新意识 | 制作年历、活动日历 | 实物 |
| 四 | 大数的认识 | 数感 | 生活中的大数；<br>1 亿有多大 | 实践反馈单 / PPT/ 视频 |
| | 公顷和平方千米 | 空间观念 | 体验 1 公顷和 1 平方千米有多大 | 实践反馈单 |
| | 角的度量 | 图形几何 | 量一量生活中的角 | 实践反馈单 |
| | 平行四边形和梯形 | 图形几何 | 寻找生活中的平行四边形和梯形 | 实践反馈单 |
| | 统计 | 数据意识 | 调查班级同学的睡眠时间；<br>调查班级同学最喜欢的交通工具 | 实践反馈单 |
| | 数学广角——优化 | 应用意识 | 扑克牌大挑战 | 视频或照片 |
| | 四则运算 | 数感 | 24 点游戏 | 实践反馈单 |
| | 观察物体（二） | 空间观念 | 玩转积木 | 实践反馈单 |
| | 小数的意义和性质 / 小数的加法和减法 | 应用意识 | 寻找生活中的小数（比如商品价格、物体长宽高、新闻播报、人民币兑换、科普等） | 实践反馈单 |

续 表

| 年级 | 教材知识 | 知识领域 | 实践内容 | 实践形式 |
|---|---|---|---|---|
| 四 | 三角形 | 应用意识 | 举出生活中应用三角形稳定性的例子 | 照片 |
| | 图形的运动（二） | 几何直观<br>创新意识 | 寻找生活中对称的物品（建筑等）；<br>利用平移和轴对称的知识创作一幅喜欢的作品 | 剪纸、涂鸦、数学动态画 |
| | 营养午餐 | 应用意识 | 做一个健康的吃货 | 数学小报 |

实践任务的设计应该与现有教材相整合，而不是单纯地做加法。可以根据不同年级学生的不同学习内容，选择实践的内容及形式进行巧妙的整合。

## （二）纵观单元的序列任务

在单元学习过程中，围绕单元作业目标，将单元作业进行分解，形成同梯度的作业系列，把口头作业与书面作业相结合，最终形成螺旋上升的单元任务序列。

### 例 3-11　英语单元序列作业

以英语学科中 Beautiful Chinese scenery, great solar terms 单元序列作业为例。五年级下册第二单元的单元主题是 my favourite season，主要功能是描述最喜欢的季节并陈述原因。二十四节气，蕴含着悠久的文化内涵和历史积淀，是中华民族历史文化的重要组成部分。在本单元的学习过程中，教师以季节主题为切入点，围绕二十四节气设计单元整体作业（见表 3-4）。

表 3-4　单元序列作业属性

| 维度 | 初识节气 | 吟诵节气 | 再探节气 | 赞颂节气 |
| --- | --- | --- | --- | --- |
| 目标 | 初步感知 | 输入＋朗读 | 自主探究 | 双重输出 |
| 具体内容 | 观看冬奥会开幕式 | 朗读四季小诗 | 自学二十四节气英语表达 | 创作节气短文并朗诵 |
| 形式 | 看、听 | 听、读 | 看、写、 | 说、写 |
| 思维水平 | 记忆、理解 | 记忆、理解 | 分析、评价 | 评价、创造 |
| 提交方式 |  | 音频 | 纸质 | 纸质＋音频 |
| 挑战方式 | 一星级　必做 | 一星级　选做 | 三星级　必做 | 五星级　选做 |

具体作业内容：

（1）初识节气

本单元是学生最喜欢也是最能表达的学习单元。寒假期间，教师要求学生认真观看北京冬奥会开幕式开场的二十四节气节目视频，初步感知季节和二十四节气，激发民族自豪感。

（2）描绘节气

在完成教材内容学习以外，教师还同步给学生展示四季主题配套绘本的作业素材包。学生可以根据自己的需求选择一本自己喜欢的绘本开展自主学习。

（3）再探节气

教师提供素材和学习单，学生根据自己的实际情况，包括喜好、学习能力，通过查找资料、视听学习等多种途径完成学习单，对于二十四节气有更加深入的了解。

（4）赞颂节气

单元最终的挑战任务是能够以书面的形式描述二十四节气之一，

通过天气、景物、活动、民俗等来介绍这个节气，同时能够口头表达。在挑战中，再次感受并传承二十四节气及其蕴含的优秀文化。

### （三）源于生活的项目任务

走出课堂，走进生活，形成项目化研究主题。这样的实践作业所研究的问题更为真实和生活化，超越了教材和学科的界限，可以帮助学生发现生活中的真实问题，再根据已有的知识经验和技能，用合适的方法解决问题。

**例 3-12 “寻根·航天奋斗历程”项目化学习活动**

在小学数学学习中，“统计与概率”领域有着举足轻重的地位。在学生初步认识了解收集数据和分析数据的方法之后，可以结合行之有效的项目化学习方式，设置具有探究性意义的主题讨论，融合其他学科知识，促进学生在解决问题中思考，具体任务设计如下：

任务主题：寻根·航天奋斗历程。

核心问题：航天事业的蓬勃发展，是每一位航天人勇于创新、勇于探索的结果，中国航天奋斗历程中，经历了哪些十分重要的事件？与国外航天发展对比，中国的航天事业有怎样的进步？

时间安排：40 分钟课堂学习，课后自主研究。

学习活动：

1. 观看《“中国梦·航天梦”红色骄傲》主题纪录片。了解中国航天人六十载的奋斗历程，并思考以下问题：

（1）做任何事都要一步一步来，中国为了实现飞天梦也是如此。中国为此迈出了怎样的一步？

（2）航天梦是中华民族几千年的梦想，几代人执着追求、数十年坚持不懈奋斗才有了今天的局面，你有什么感受？

2. 梳理中国航天奋斗历程。

（1）在中国航天发展史中，哪些事件代表着中国航天事业的重要突破？

（2）你还知道中国航天事业上取得的哪些新成就？

3. 分析国内外航天发射次数，在对比中体会中国航天事业在世界上的领先地位。

（1）收集有关国内外航天发射方面的数据，绘制一幅统计图，并分析数据，提出值得探究的数学问题并解答。

（2）从数据对比中，你能强烈感受到什么？

以上是整个项目化学习活动中的一项任务——寻根·航天奋斗历程。教师在带领学生了解中国航天奋斗历史之后，布置了具有实际研究意义的有关国内外航天发射数据的调查性探究作业。学生经历收集数据的过程，通过观察数据提出有探讨意义的问题并解决，体会这些数据所代表的实际意义。在此过程中渗透思想道德教育，学生能够从中真切地体会到中国航天事业的蓬勃发展及其在如今的国际上拥有的举足轻重的地位，从而产生民族自豪感。

## 四、开发项目群

基于项目的学习是一种“大学科观”的学习思维。将学习置于有意义的项目之中，以项目和问题驱动学生主动探索和积极参与，可促进学生认知结构的不断重构。教师围绕教材、主题或生活实际问题，设计一系列的项目，引导学生深入探究，辅助学生完成实践。

## （一）基于教材的项目

通过梳理教材提炼出项目，明确完成项目所需要的知识、策略、技能及其组合方案，从而开展项目学习。

**例 3–13　数学“平移和旋转”项目学习**

二年级数学“平移和旋转”这一单元，如果只靠看图片和教师语言讲解，学生对旋转和平移的概念理解不够深刻。因此我们设计了项目——通过平移与旋转，制作产生“有形”的产品，帮助学生理解建构和运用知识。活动流程如图 3–1 所示。

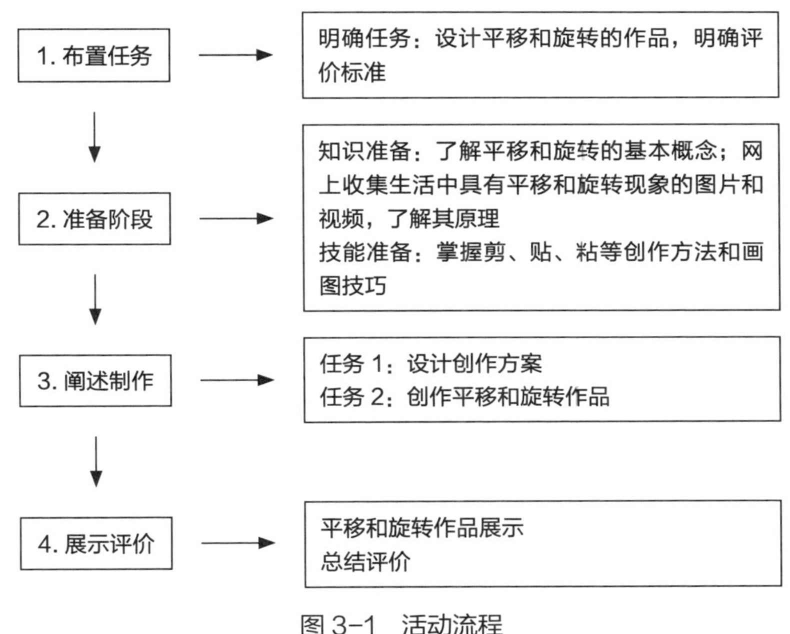


图 3–1　活动流程

本项目使学生探究欲望持续产生，贯穿始终。从布置任务到展示评价，学生都保持高度的探究欲，从数学书延伸到生活，从知识学习到技能培养。学生在运用平移和旋转知识的过程中，从理解书本中的基本概念到探索生活中的现象原理，从学习新知到培养动手实践的能力，在自然状态下自主思考，多角度思考，促进了数学思维的发展。

## （二）聚焦主题的项目

聚焦主题的项目是有关知识应用和问题解决的学习活动，是在激活学生已有的经验和积累基础之上展开的，需要学生围绕同一主题运用相关知识解决问题，进而提升核心素养。

**例 3–14 “‘礼’遇杭州，‘数’你最美”数学实践活动**

杭州亚运盛会召开之际，在数学美育的视域下，教师将“小小设计师”的内容进行主题设计，架构学科与真实世界的桥梁。从杭城特色文化切入，以项目式学习的形式创编了“小小设计师”之“‘礼’遇杭州，‘数’你最美”数学实践活动。

活动以杭州亚运会为背景，赋予学生小主人翁的角色，给予其肩负向外国友人宣传杭州文化的责任，引导他们接受制作特色礼物的挑战。通过创设这样的活动情境，学生的学习积极性不断高涨，有了小主人和设计师这样沉浸式的角色，参与活动的内驱力油然而生。

项目发布后，为了确保项目的顺利开展，在教师的引导下，学生将驱动性主问题分解为三个子问题：

（1）将哪一种杭州文化元素绘制成基础图形？

（2）运用哪一种图形变换形式将基础图形再设计？

（3）如何运用所设计的图案制作出一件礼物？

教师带领学生共同了解复杂图案的设计过程，认识到复杂美丽图案的绘制实际上可以通过移动和变换简单的基础图形来得到。学生分组展开讨论，各小组选择并绘制出具有杭州文化特色的基本图形，利用旋转、平移、轴对称等知识设计出最终图案，合作完成设计单，然后在班级进行展示和介绍。学生从图案设计、知识运用、团队协作、汇报演讲等方面进行个人自评、组内互评和组间点评，自我反思、同伴勉励贯穿整个项目活动。

在本项目中，学生在真实的情境中经历了完整的解决问题的过程，并围绕主题充分运用所学知识进行实践，在交流合作中锻炼了自己的能力。

## （三）指向生活的项目

通过解决生活中的实际问题，最大程度地激发学生在更大范围内的认知连接和知识迁移，促使学生将知识应用和推理策略运用到解决生活实际问题的过程中，从而提升学生的问题解决能力。

**例 3–15　“营养午餐”综合实践活动**

数学四年级下册综合实践板块有一课是关于“营养午餐”的，教师通过探究，制定项目活动，引导学生在用餐时荤素搭配，摄入各种营养。

驱动性问题：同学们，食堂工作人员为了提高大家的伙食质量，现公开征求大家的意见，来设计出学生喜欢、营养均衡并适应春季时令的午餐菜单。你认为我们应该怎样帮助他们设计这份菜单？需要完成哪些事?

子任务：

（1）调查同学们喜欢吃什么菜肴。

（2）怎样设计才能做到营养均衡。

（3）多方面考虑设计出午餐菜单。

学生对于自己设计午餐菜单有极大的兴趣，他们通过问卷调查收集数据，利用数学知识分析数据，结合科学课上学习的“六大营养素”“平衡膳食宝塔”和10岁儿童每日营养标准，从荤素搭配、结合时令、营养均衡等角度设计出了午餐菜单。

在这个案例中，学生主动运用数学、科学等学科知识分析数据并计算营养成分，合理设计菜单，解决生活的实际问题，给他们带来了极大的成就感。

## 第三节　学科实践路径探寻

### 一、课堂微实践

学科实践首先是认知性实践，着眼于知识的立体化学习过程，强调“强有力的知识”的教育价值，致力于把学科实践真正落实到课堂，用于分层落实学科素养。

学校倡导老师们以“快乐 3 分钟”形式开展课堂微实践。快乐 3 分钟是指在 40 分钟的课堂教学时间内留出 3 分钟左右的时间给学生，让他们能够通过实践将本学科的核心素养落地。

## （一）入门微实践

入门的微实践是比较容易操作的实践方式，在课堂中，由教师安排，学生统一完成某项简短的实践任务。

### 1. 课前训练——一课之计在于始

每节课伊始，教师根据学科、年段、单元、知识点等安排面向全体学生的训练内容。

每节课的第一分钟做面向全体学生的，指向科学基础素养的专项训练。文科主要围绕日积月累的知识开展，理科主要针对基础解题能力进行提升训练（见表 3–5）。例如语文诗词诵读 60 秒、英语快乐拼读 60 秒、数学口算训练 60 秒。所有的诵读内容和训练内容都由年级组统一安排，由任课老师提前布置好，预备铃响后，学生在课代表的组织下，开始诵读或做练习。

表 3–5　各学科实践训练方式

| 学科 | 实践训练方式 |
|---|---|
| 语文 | 经典诵读：小古文、诗词、美文诵读 |
| 数学 | 口算训练：基础口算和变式计算的结合训练 |
| 英语 | 自然拼读：一个单元（或一个训练点）配套一个歌谣诵读 |
| 科学 | 一分钟小实验 |
| 音乐 | 音准、音阶练习：优化常规发声训练，增加乐理内容渗透 |

续 表

| 学科 | 实践训练方式 |
| --- | --- |
| 体育 | 趣味热身：一个单元（技能）配合一个游戏 |
| 信息 | 打字练习：每节课一个目标任务，规定时间内完成积分 |

## 2. 课后拓展——课课有展示平台

在每一节课的最后 2 分钟，安排面向部分学生的实践展示环节。根据学科特点给学生一个展示的平台，这个展示既可以是和学科素养紧密结合的，也可以是学生相对薄弱的内容（见表 3–6）。例如语文新闻播报 2 分钟、数学小老师讲题 2 分钟、英语口语展示 2 分钟。

表 3–6　各学科课后展示内容

| 学科 | 展示内容 |
| --- | --- |
| 语文 | 讲成语故事、新闻播报朗读者 |
| 数学 | 我来做小老师（讲解题目） |
| 英语 | 趣配音、演讲 |
| 科学 | 学生介绍科学家 |
| 音乐 | 才艺展示 |
| 美术 | 学生介绍自己的作品 |

例 3–16 为英语学科的课堂微实践。

**例 3–16　英语课前的拼读练习**

课前的拼读练习侧重于让学生根据自己的能力整理所学的字母组合发音，每人选择一个字母组合进行已学单词（教材 spell 板块的单词）整理，并适当补充个别课外单词。基础弱的孩子能做到把 spell 板块的单词拼读正确，能力强的孩子能够带领大家预习还没有学到的字母组合的发音。一般大部分孩子能够做到整理部分书本 spell 板块的单词再补充两三个课外单词，每个孩子都是根据自己的能力完成这项任务。

在操作过程中，也有个别孩子的拼读材料是网络上直接下载下来的，部分单词不符合发音规律，老师在收集材料的时候就会指出这些单词，引导学生发现字母组合在这个单词里的发音，然后给出一些符合发音规律的单词供他参考。也有个别孩子整理好了单词，但是自己不能准确拼读，导致在带读的时候不流利或拼错，老师会停下来纠正，并在结束后再让他带读一遍刚才拼错的单词，加深记忆。

在保证全体训练的基础上，各教研组进一步开发针对差异学生的个性化训练内容。例如，信息学科老师通过运用不同的程序训练学生的信息技术基本素养，学习能力较强的学生逐步进行编程能力训练，有困难的学生继续扎实进行打字训练。

### （二）进阶微实践

在前一阶段课堂微实践的基础上，学校尝试丰富微实践的形式和路径。例如，在前一阶段经验做法的基础上，重点结合大单元、大概念，用每节课 3 分钟左右的时间分层强化学科领域素养，把学科基础素养真正落实到课堂，培养学生“5C”能力。

### 1. 基础能力人人到位

落实好面向全体学生的每节课的学科核心能力训练，保证每一节课的训练时间、训练内容。基础能力基于大单元意识，让各门学科从零散的知识点走向“少而重要”的单元重点内容。以备课组为单位，整理出单元重点内容，落实在每一节课中。

例如，语文形成经典诵读全册序列和年段特色诵读方式，数学形成每课配套口算题库和变式口算集，英语形成自然拼读绘本集，信息形成打字题库和过关要求。

### 2. 展示平台课课都有

根据学科特点给优等生（慢慢辐射到所有要求展示的学生）一个展示的平台。例如，语文新闻播报、数学小老师讲题、英语口语展示、美术名作赏析、音乐作品介绍等。让大概念融入真实的情境且与一个个主题相联系，当学生基于这个观念理解真实的情境时，就会逐步增强解决问题的能力。

### 3. 针对差异分层赋能

在保证面向全体的实践基础上，结合前一阶段面向优等生的展示环节训练成效，进行课堂内分层实践，优等生有展示提高环节，“学困生”则有针对性和指向性的课内辅导和托底措施（见表 3-7），保证“学困生”在课堂中就能解决疑惑。课堂内的一对一指导，可以是师生也可以是生生。

表 3-7　针对“学困生”的措施

| 学科 | 切入点 | 针对群体 |
| --- | --- | --- |
| 低段语文 | 进行全班性古诗文诵读、唱诵活动 | 基础能力人人到位 |
| 中段语文 | 定期开展神话故事、寓言故事、童话故事等故事大会 | 展示平台课课都有 |
| 高段语文 | 开展“分享片段猜人物”“提炼特点猜人物”等活动 | 基础能力人人到位 |
| 低段数学 | 利用希沃白板，进行花样口算 | 基础能力人人到位 |
| 中段英语 | 自然拼读视频朗读 | 基础能力人人到位 |
| 高段英语 | 自然拼读绘本朗读 | 基础能力人人到位 |

信息科技学科旨在技能训练与兴趣培养，教师根据各年级的不同学习内容安排了不同的训练内容。一方面是为了提高技能熟练度，培养优等生；另一方面是为了加强后进生的强化训练。

**例 3-17　信息科技学科训练内容**

项目一：3 分钟打字练习

对象：四年级

训练方式：学生通过网页在线进行打字测试，以游客形式选择打字类型（英文、中文、竞赛）、文章、时间后进行测试，刚开始练习英文打字训练，重点在于指法的矫正，并熟悉键盘上每个字母所在的位置。

数据分析：从抽取的学生打字速度的变化来看，存在一个共性，尽管学生之间存在的差异较大，但从每个学生的数据可以看出每个学生的打字速度均在稳步提升。与此同时，通过比较也不难看出基础较好的同学提升的速度也较快。

反思：无论是优等生还是“学困生”，有针对性地进行练习很有必要。多引导优等生进行经验分享，也要加强“学困生”的强化训练。

项目二：8分钟小报制作

对象：四年级

训练方式：四年级的学习重点是Word文稿的技能学习与设计电子小报，相关的授课内容结束后，以快乐3分钟的形式开展8分钟小报设计，提高学生电子小报设计的速度。

反思：大部分学生缺乏大局意识，时间观念不强，总是喜欢将一个模块设计完美以后再添加另一个模块，所以教师安排了8分钟小报设计训练，以此来提高学生的设计速度。从效果来看，这有一定的成效，但还需再深入思考，寻找更有效的办法。

展望：后续在保留打字和板报训练的同时，为五年级添加3分钟程序设计项目，通过微项目练习达到用编程解决实际生活问题的目的。

### （三）指向表达的专项实践

在前一阶段研究的基础上，结合新课程提出的“实践”关键词，落实课堂3分钟微实践。以问题为核心，用真问题驱动真实学习。以学科、年段为单位，开学初确定微实践的主题和形式，期中进行一次展示，期末以教研组为单位整理操作序列。

根据学生表达能力弱、朗读时间被严重挤占、学生阅读量偏少等实际问题，在全校层面开展以语文、英语学科为重点，其他全学科铺开的“三读计划”，即增加阅读、强化朗读、培养释读，逐步培养学生养成每天阅读30分钟、朗读10分钟、每周做一个释读的习惯。

通过日常巡课、问卷调查和个别访谈等方式，全面客观地分析学生的朗读表达能力。从多个层面落实，以保证学生阅读、朗读、表达能力训练时间达标且训练内容丰富。

### 1. 早读：保证朗读时间

各班早读时间严格落实朗读制度，保证 20 分钟的早自习中朗读时间不少于总时长的 2/3。朗读过程中，老师要有指导、示范。要求学生朗读形式丰富，有齐读、分角色朗读和小组共同朗读等。

### 2. 课堂朗读：提升基本素养

在课堂层面，重点将朗读和表达与快乐 3 分钟进行整合（语文、英语快乐 3 分钟朗读量规如表 3–8 所示）。以学科、年段为单位扎实推进，保障学生朗读和表达素养的形成。以语文、英语学科为主，以备课组为单位，整理单元重点朗读内容，并落实在每一节课。语文课主要是基于单元整体的群文朗读、经典诵读，英语课则是基于单元配套内容开展自然拼读、绘本诵读等。

表 3–8　语文、英语快乐 3 分钟朗读量规

| 标准 | 表现层级 | | | |
|---|---|---|---|---|
| | 优秀 | 良好 | 合格 | 不合格 |
| 朗读组织 | 预备铃响就在课代表或小干部的带领下开始整体朗读 | 上课铃响后开始朗读、组织较有序 | 未及时安排朗读、组织无序 | 未安排朗读 |
| 朗读内容 | 朗读内容结合本册教材及本单元教材内容，有完整序列并适合学生集体朗读 | 朗读内容结合本册或本单元教材内容，尚未形成序列，适合学生集体朗读 | 内容随意安排，与教材匹配程度不高 | 内容随意安排，与教材无关 |

续　表

| 标准 | 表现层级 | | | |
|---|---|---|---|---|
| | 优秀 | 良好 | 合格 | 不合格 |
| 朗读指导 | 教师根据学生的朗读情况有实时的指导和示范 | 教师有时有指导和示范 | 教师很少有指导和示范 | 教师没有指导和示范 |

### 3. 课堂表达：培养动口能力

尝试通过“凝练学科观念，创设真实情境，表达学习收获”的表达展示方式，锻炼学生的口头表达能力（课堂表达量规如表 3–9 所示）。

表 3–9　课堂表达量规

| 标准 | 表现层级 | | | |
|---|---|---|---|---|
| | 优秀 | 良好 | 合格 | 不合格 |
| 频率保障 | 每节课都有相关内容安排 | 每周都会安排相关内容 | 很少安排相关内容 | 从不安排 |
| 内容落实 | 根据内容提前安排，学生有序进行表达展示，一学期保证人人参与 | 学生轮流参与表达展示，一学期中大部分学生都能参与展示 | 学生轮流参与表达展示，一学期少部分学生能参与展示 | 没有组织安排，只有个别学生参与展示 |
| 评价反馈 | 对于学生个体的表达展示有明确的评价指标，给学生一个有效反馈和努力的方向 | 对于学生个体的表达展示有评价和反馈 | 对于学生的表达和展示有总体评价 | 没有针对性的评价和反馈 |

### 4. 学生发言：养成良好习惯

除了明确早读、课堂中的朗读和表达训练点以外，对于学生的课堂发言也有明确的要求（见表 3–10），以便于学生在每一节课、每一次发言的过程中逐步养成良好的表达技巧并形成一定的能力。

表 3-10 学生上课发言量规

| 标准 | 表现层级 | | | |
|---|---|---|---|---|
| | 优秀 | 良好 | 合格 | 不合格 |
| 主动发言 | 积极举手发言 | 能举手发言 | 很少举手发言 | 从不举手发言 |
| 发言音量 | 声音响亮 | 声音能够让全班同学听清楚 | 声音能够让周围同学听清楚 | 声音很小，听不到 |
| 表达完整 | 语言内容完整，能清晰表达自己的意思 | 语言内容较完整，基本能表达清楚自己的意思 | 语言不够完整，不能表达清楚自己的意思 | 辞不达意，断断续续 |
| 神态举止 | 完全站直后开始发言，落落大方，充满自信，目光能和老师交流 | 基本站直后开始发言，比较大方和自信，目光能和老师交流 | 一边起立一边说话，不够自信，目光甚少交流 | 缩着讲话，不自信，目光不和老师交流 |

### 5. 作业设计：促进能力提升

随着“双减”政策的落地，全面压减作业总量和时长，减轻学生过重的作业负担成了学校关注的焦点。学校要确保小学一、二年级不布置书面家庭作业，小学三至六年级书面作业平均完成时间不超过 60 分钟（口头作业和表达作业设计量规如表 3-11 所示）。

表 3-11 口头作业和朗读作业设计量规

| 标准 | 表现层级 | | | |
|---|---|---|---|---|
| | 优秀 | 良好 | 合格 | 不合格 |
| 口头作业量 | 每天都布置口头作业，内容包括阅读、朗读、表达 | 每周都布置口头作业，内容包括阅读、朗读、表达 | 有时布置口头作业 | 极少或不布置口头作业 |

续 表

| 标准 | 表现层级 | | | |
|---|---|---|---|---|
| | 优秀 | 良好 | 合格 | 不合格 |
| 朗读作业设计 | 内容包括阅读、朗读、表达，经过教师的精心设计，形式多样，吸引学生 | 内容包括阅读、朗读、表达，有设计，形式多样 | 内容形式较多，缺乏设计感 | 形式单一枯燥，不吸引学生 |
| 朗读作业反馈 | 有表扬、有反馈、有指导、有跟进，有评价机制 | 有表扬、有反馈、有指导、有评价 | 有表扬、有反馈 | 缺乏评价和反馈 |

## 二、单科小实践

在学科教学中注重选取、创设源于生活（学习）的典型问题和情境，设计相关任务，引导学生参与体验、思考、探究。指导学生在真实场景中发现问题，运用所学探究、解决问题，体悟实践学科思想方法，进而更好地建构本学科认知体系。

### （一）课时实践

课时实践是基于一个课时，在课堂内进行的一种实践学习。教师根据教学内容和学生实际情况，设计相应的实践活动，如实验、讨论、演示等，以学生个人独立完成为主。课时实践可以按照活动流程展开（见图 3–2）。

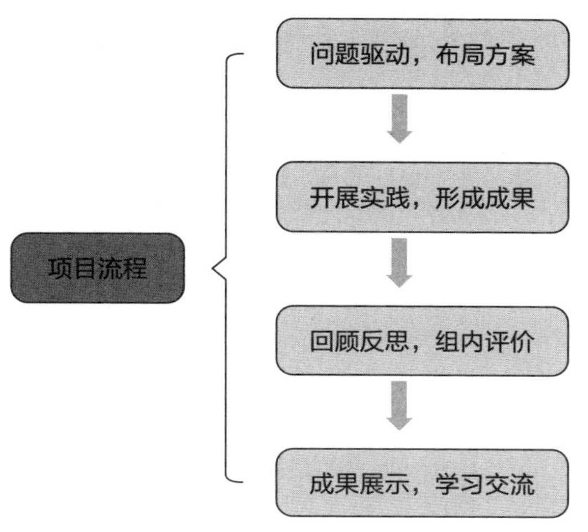


图 3-2 课时实践流程

1. 问题驱动，布局方案

为了提高学生的学习兴趣与综合解决实际问题的能力，让学生能深入研究真实的问题，就需要结合真实的生活情境，设计驱动问题与活动阶段，把学生引向真实的生活。

**例 3-18 “确定起跑线”的驱动问题**

以数学教材中的“确定起跑线”为例，实践活动初期，教师通过准备课引导学生明确实践活动的主题，并组织交流讨论环节，收集学生的困惑与感兴趣的问题，便于活动的开展与重点研究环节的设计。老师和学生共同商定了实施的路径，在实践过程中，学生亲身经历分析问题和解决问题的过程，通过制定测量方案，灵活运用测量工具测量所需要的数据，再根据测量的数据，运用不同的方法计算起跑线的差距，从而创造性地设计起跑线。学科实践学习活动较复杂，为了明确研究方向，在项目实施之前，教师还需要将大问题分解成一个个小问题，于是教师带领学生经过讨论与分享交流，共同梳理了每个阶段的子任务（见表 3-12）。

表 3-12 “确定起跑线”子任务集

| 时间阶段 | 子问题 |
| --- | --- |
| 制定方案 | 200 米起跑线和什么有关? |
| 实地测量 | 怎样更准确地测量方案中所需的数据? |
| 计算距离 | 怎样根据数据快速算出跑道差距? |
| 设计起跑线 | 如何绘制起跑线的平面示意图? |

## 2. 开展实践，形成成果

在明确了实践主题与实施步骤后，需要进行完整的“方案制定，合作实践，设计成果”的合作探究活动，也需要保证组内有不同水平的学生能够互相带动。每个小组进行合理分工，从而使每个人在实践活动中都能发挥自己的特长和作用。

### 例 3-19 “确定起跑线”的实践过程

（1）小组制定方案

每个小组要有自己的组名并进行合理分工，确定组长、材料员、操作员、记录员、计算员和检验员，使得每个人在实践活动中都能发挥自己的特长和作用。在明确组员和分工后，组内开始初步讨论解决方案，为了保证方法的多样性，教师要提前预设学生可能想到的方法。这样对于方法重复或者没有想法的小组，教师可以及时给予一定的指导与帮助。讨论过程中，每个小组罗列出实际测量过程中可能出现的问题，老师再指导小组汇报讨论。

（2）合作进行实地测量

经过前期的方案讨论与制定，每个小组都准备好了所需的测量工具，然后进行实地测量。

在实地测量中，学生亲身体验了解决现实问题的复杂性，在小组合作讨论与实践过程中，锻炼了综合运用所学知识灵活解决生活问题的能力。在此过程中，同学们还会自发地进行小组讨论、寻求帮助、查阅资料等。学生在实际情境中发现问题、提出问题、解决问题的能力得到了提升。每个小组在测量过程中会遇到新的问题，经过组内讨论和寻求帮助之后会找到解决方法。每个组员承担的不同角色都在活动中发挥着重要的作用，同时经过讨论分享有所收获。不同组之间还能进行数据分享，当数据测量结果相差较大时，可以及时反思组内的测量过程和数据中存在的问题，并通过重新测量获得新的结果，再将数据收集整理到相应表格图中。除此之外组内人员也要及时整理实地测量中遇到的问题、方法和收获，以便之后的反思与交流学习。

（3）整合拓展设计成果

根据测量获得的数据，计算员们通过推理计算来确定相邻起跑线相差的距离。由于已经学习了圆的周长的相关知识，所以跑道差的计算对于学生来说并不难。由于测量的数据相对复杂、计算麻烦，为了方便计算、减少错误率，可借助计算器计算，并将过程和结果清楚地在学习单上呈现出来。通过测量计算出起跑线的差距难度不大，根据前期测量的数据设计起跑线也是学生真正感兴趣的。

### 3. 回顾反思，组内评价

评价可以指导学生的学习方向和实践过程，是学生开展学习活动的指南。因此不能只用传统意义上的“对”或“错”来评价学生最终的学习成果，而需要关注他们在项目学习全过程、全维度的状态。在这次实践活动中，表现性评价指标分为三类：方案与思考的评价、实践与思考的评价以及结果与成效的评价（见表 3–13）。评价的指标和要素在实践任务之前学生就应该清楚明了，这样在解决问题的过程中，他们会根据评价要素及时调整实施方案，明确探究方向。此外教师还设计了吐槽卡和赞美卡。学生可以尽情地分享研究过程中的喜悦、收获并赞美、欣赏组员的才干，也可以吐槽研究过程中遇到的“麻烦事”。

表 3–13 “确定起跑线”小组项目评价

| 评价指标 | 评价要素 | 自我评价 | 组员评价 |
|---|---|---|---|
| 方案与思考 | 是否能够提出初步想法<br>设计的方案是否便捷、可行 | ☆☆☆☆☆ | ☆☆☆☆☆ |
| 实践与思考 | 过程与方法是否正确<br>是否全体全程参与研究过程并进行合理分工<br>是否善于利用工具解决问题<br>是否能够发现并解决问题？是否能随时记录自己的质疑与发现<br>遇到困难是否主动寻求帮助<br>是否乐于交流自己的想法<br>解决策略是否多样、独特、巧妙 | ☆☆☆☆☆ | ☆☆☆☆☆ |
| 结果与成效 | 能否根据计算结果画出 200 米跑道的起跑线<br>是否会用合适的资料、数据呈现研究成果<br>是否善于用丰富的语言表达想法与成果 | ☆☆☆☆☆ | ☆☆☆☆☆ |
| 表扬卡 | | | |
| 吐槽卡 | | | |

### 4. 成果展示，学习交流

实践教学中不仅要重视学习过程的历练，也要重视学生的互相学习与交流。因此交流汇报也是实践项目学习中的一项重要任务和最终的成果评价内容之一。成果汇报交流的要求如下：

汇报时，你的方法要让别人能够听懂；

尽可能用多种方法，让听众感兴趣；

可以总结你研究过程的亮点、收获和困难，谈谈你是如何解决的；

可以用试讲调整你的发言，让你的发言更清楚。

通过小组汇报的形式，促进学生回顾反思实践探究过程，提升学生的语言表达能力并培养学生倾听、赏识他人的品质素养，促进学生之间的交流与相互学习。在展示课上，教师也要精心设计交流的方式、重心、顺序和评价。

#### 例 3–20 “确定起跑线”的成果展示

“确定起跑线”这一课例，在交流方式上，每个汇报小组尽可能用不同形式展现实践过程与成果。侧重测量过程的交流，但过程较复杂，可选择用视频直观展示测量过程；为了生动形象地展示跑道的研究过程，可选择实物演示的方式，因数据简单但需要展示的照片较多，则可以利用小报或者PPT呈现。在交流重心上，每个小组需要组员合理分工后共同完成汇报，主要围绕以下几个问题展开：我们的解决方案是什么？实施过程中遇到了哪些问题或困难？

又是怎么解决的？我们是如何设计起跑线的？我们最大的收获是什么？在解决方案的分享中，每个小组都有不同的解决方法，为了体现和学习各小组不同层次水平的成果，他们精心设计不同重心的方案：问题解决的过程分享突出研究过程的完整性。感受猜想——推理验证——得出结论的完整过程。在交流顺序上，把成果相对较弱和方案较复杂的小组放在前面进行汇报，让学生感受方法逐步优化的过程。

## （二）单元实践

通过设计具有挑战性和实践性的任务，指向一个单元的整体学习。可以是小组合作、个人或集体实践等形式，注重实践结果的分析和总结。单元实践可以按照以下思路进行设计与实施。

### 1. 厘清知识体系，锚定学习目标

单元实践应在整体把握单元知识结构的基础上进行设计。教师在设计基于单元的实践学习任务时首先要厘清单元的知识体系，通过解读语篇、例题、课文等提炼主题意义，从而引导学生明确当前学习的实践目标。

**例 3–21 “年、月、日”单元实践学习目标**

以人教版数学三年级下册“年、月、日”单元为例。教材中本单元的第一课时教学内容为认识较大的时间单位年、月、日，学会区分并记忆大、小月，第二课时的教学内容为探索和发现 2 月的天数变化以及闰年的判断，第三课时为 24 时计时法的学习，第四课时为运用时间进行简单的计算，并解决生活中的实际问题。由此可见，

前三个课时的内容都是约定俗成式的知识教学，传统的课堂非常容易使用“填鸭”式的教学方式，学生就不会对于这些知识有充分的体验和感受，故数学组以“年、月、日的秘密”为主题，以主题式活动的形式将这一单元的学习串联起来。其中第一课时采用实践课的形式进行，并确定以下教学目标。

（1）在活动中认识时间单位年、月、日，了解他们之间的关系及大月和小月；发现 2 月的天数规律，并理解平年和闰年。

（2）在制作年历的实践过程中，学会运用年、月、日的相关知识解决实际问题，在实践活动中增强自主探究与合作交流的能力。

（3）形成对年、月、日的时间认知，渗透中国传统节日文化和人文关怀，培养爱国主义情怀，感受数学与生活的紧密联系。

### 2. 寻找知识关联，把握学习脉络

教师需要仔细研读课程标准和全部教材，综合理解小学阶段的学习目标，确认学科核心素养之间的内在关联，寻找上下位的相关概念。同时需要打破教材的单元壁垒，寻找它们之间的关联。用实践学习中用到的核心素养来统摄语言知识、文化知识，形成知识网。

#### 例 3–22　英语 Then and now 相关话题

英语六年级下册第四单元 Then and now 学习的内容是谈论事物和人物的今昔变化。这个话题非常宽泛，可以激活小学阶段很多话题，涉及四至六年级三个年级的多个教学单元，主要包括四年级的 My classroom，My schoolbag，My school，My clothes，Dinner's ready，五年级的 There is a big bed，In a nature park，Food what would you like 以及六年级的 How can I get there 等。

### 3. 确定实践主题，统领学习活动

在厘清了当前教学单元的教学目标和找到前后关联的教学话题后，需整合全部内容，对这个知识小体系进行适当的再加工，重新提炼出这一单元的实践主题。

让学生的认识基于实践并通过实践得到提升。

**例 3–23 英语 Then and now 实践主题**

宋韵文化是中华优秀传统文化的重要组成部分，是具有中国气派的重要文化标识。宋韵让学生在古与今的浩瀚时空中传承祖国优秀的传统文化。英语六年级下册第四单元 Then and now 今昔变化的话题给了学生“讲好宋韵故事”一个绝佳的实践契机。由此 The Song Dynasty and Now 的主题跃然成了这一单元的学习主题，在这个主题意义下，实践学习目标如表 3–14 所示。

表 3–14 The Song Dynasty and Now 主题实践目标

| 主题 | The Song Dynasty and Now（宋韵今辉） |
| --- | --- |
| 语篇 | 图片、视频、配图短文等 |
| 语言知识 | 能够听、说、读、写并在情境中恰当运用句型和相关词汇，谈论或描述宋朝的璀璨历史，感受当时的科技进步与社会发展，并能对比表达当代中国人对于宋韵的传承与创新 |
| 文化知识 | 了解宋朝时人们的生活习俗、饮食习惯、出行方式等，传承祖国优秀的传统文化 |
| 语言技能 | 借助“宋韵”主题的图片和视频，理解常见的多模态语篇，提取、梳理、归纳关于宋朝的主要信息，加深了解<br>围绕主题和所读内容进行简短叙述或交流，表达对于宋朝的情感、态度和观点<br>运用图表、海报等自己喜欢的方式创造性地表达自己提炼的宋韵主题词 |
| 学习策略 | 探索适合自己的英语实践学习方法，主动参与各种学习语言和运用语言的实践活动，运用已有的语言积累和生活经验完成宋韵实践学习任务 |

### 4. 提供支持，实现个性化学习

实践学习这种学习方式对于知识基础和综合能力相对薄弱的学生来说还是存在困难的，这些学生本来就不敢表达、不愿表达、不会表达，在实践学习中会更加处于弱势。教师需要关注这些学生的课堂参与情况，并提供学习工具等学习资源，给予他们有针对性和指向性的辅导和支持，给他们实践的勇气和底气。

**例 3–24　英语 The Song Dynasty and Now 学习支持**

如英语组在进行 The Song Dynasty and Now 主题活动时，就针对不同学生给出了不同层次的学习任务和学习工具（见表 3–15）。

表 3–15　The Song Dynasty and Now 主题活动

| 课时 | 微实践真实任务 | 学生实践语言 | 学习的指导机制（学习工具） |
|---|---|---|---|
| 一 | 真问题：<br>When is the Song Dynasty | The Song Dynasty is (　　) years ago | 文字信息：<br>宋朝（960—1279） |
| 二 | 真任务：<br>Read and find the mistakes | At the Song Dynasty, there was/were no...<br>People didn't/couldn't... | 图片材料： |
| 三 | 真任务：<br>Read，think and say | Before, they could...<br>Now, we can... | 图片材料： |

续 表

| 课时 | 微实践真实任务 | 学生实践语言 | 学习的指导机制（学习工具） |
| --- | --- | --- | --- |
| 四 | 真任务：<br>Read，think and say | Before, they went by...<br>Now, we go by...<br>Before, they liked/ate...<br>They could use...<br>Now, we like/don't/eat...<br>We can use... | 图片材料： |
| 五 | 真问题：<br>What's the dream about<br>What did they do in the dream | In the Song Dynasty... | 视频材料：<br>梦回宋朝.MP4 03:05<br>宋朝饮食文化.MP4 01:18 |

不同层次的学生在同一学习活动或学习过程中会有不一样的学习感受，因此，在单元实践教学中教师要注意提供多样化的学习素材，让学生有充分的学习体验。如在“年、月、日的秘密”一课中，在学生分享的基础上，教师提供微课学习材料，让学生进一步了解闰年的由来。

**例 3–25　数学“年、月、日的秘密”学习素材**

师：大家通过各种途径知道了年、月、日的知识，还有没有你不能解决的问题想请教全班同学的？

生 1：为什么 2 月的天数特别少呢？

生 2：2 月的天数为什么会变化？

生 3：为什么要有平年和闰年？

师：我们通过一个视频来了解一下。

学生观看微课视频，了解闰年的产生。

师：现在你知道怎样判断平年和闰年了吗？

生：年份如果能够被 4 整除就是闰年，不能被整除就是平年。

师：视频最后的问题能回答吗？ 2000 年和 1900 年哪个是闰年？

生：2000 年是闰年。

师跟进提问：为什么 1900 年不是闰年？

生：因为逢百年要能被 400 整除，1900 不能被 400 整除。

师：是呀，所以除了四年一闰，还有百年不闰，四百年再闰。

在实践过程中，学生的主动探索和尝试应建立在丰富的学识储备上，同时教师在学生实践的全程应提供必要的支持和引导。如在“年、月、日的秘密”一课中学生动手制作月历的实践环节，教师给不同小组提供了不同层次的年历线索，引导不同思维层次的学生用不同的方式和方法解决问题。

**例 3–26 数学“年、月、日的秘密”解决问题的不同方法**

（1）布置任务，提出疑问

师：刚才同学们通过自己的学习，知道了年、月、日的好多秘密，有了这些知识，我们就能来完成第二个任务——制作 302 班专属年历了。想一想，要制作一份 2024 年的年历，还需要知道什么？

生 1：我觉得要知道每个月有哪些节日。

生 2：我觉得要知道 2024 年的 1 月 1 日是星期几。

师：是呀，年历上还有星期的信息，你真会观察生活！

（2）出示学习要求

师：在制作之前，先听清楚学习要求。

①填一填：根据锦囊线索，完成负责的月历。

②圈一圈：圈出这个月特殊的日子或你喜欢的日子，并做好标注。

③准备交流：你们是怎么做的？有哪些特殊日子？有什么新的发现吗？

师：老师给每个小组都准备了锦囊，来看看 1 号小组的锦囊里有什么？请 1 号小组根据这两条线索完成 1 月和 2 月的月历制作。这是 2 号小组的锦囊。其余小组的锦囊老师都放在 KT 板下面了。清楚要求的小组就可以开始制作了。

① 1 月，2 月。【线索：① 2023 年 12 月 31 日是星期日；② 2 月 10 日是春节。】

② 3 月，4 月。【线索：① 3 月 20 日是星期三，这一天是春分；② 4 月 4 日是清明节。】

③ 5 月，6 月。【线索：① 6 月 10 日是星期一，这一天人们通常要吃粽子、划龙舟；②每年 5 月的第二个星期日是母亲节。】

④ 7 月，8 月。【线索：① 7 月 5 日星期五，暑假正式开始；② 8 月 1 日是建军节。】

⑤ 9 月，10 月。【线索：① 9 月 17 日是星期二，这一天人们通常会赏月、吃月饼；② 10 月 11 日是重阳节。】

⑥ 11 月，12 月。【线索：①“双十一”（11 月 11 日）是星期一；② 12 月 21 日是冬至。】

（3）学生分组进行月历卡制作，教师巡视学生完成情况，进行个别指导。

### 5. 搭建展示平台，跟进学习评价

学科实践的重要特征之一就是成果展示。实践成果的公开展示包括实物

展示、表演展示等两种。用作品展示、演讲、海报、情景剧等方式进行展演，将学习成果可视化，同时学生也能在汇报的过程中进行自我评价、获得同伴评价、教师评价甚至家长评价等多方评价。如在“年、月、日的秘密”一课中，学生在制作完月历卡后，以小组为单位进行汇报展示，充分展现了不同小组各具特色的设计与制作思路。

**例 3–27　数学“年、月、日的秘密”汇报展示**

第 1 小组汇报

组员①：我们小组是这样做的，根据信息“2023 年的最后一天是星期日”，说明 2024 年的第一天就应该是星期一，这样就可以标出 1 月的日历，1 月有 31 天，1 月 31 日是星期三，那么 2 月 1 日就是星期四。

组员②：我们标出的日子有：1 月 1 日元旦节，2 月 10 日春节，还有元宵节。我们知道春节是农历的正月初一，元宵节是农历的正月十五，所以从春节往后数 14 天就是元宵节。我们小组有 2 个同学是在 1 月过生日的，所以我们还标了她们的生日。

师小结：看来后一个月的第一天可以由前一个月的最后一天来确定。2 月标了 29 天，你们是怎么知道 2024 年的 2 月有 29 天的呢？

生：因为 2020 年是闰年，再过 4 年就是闰年，2020 + 4 = 2024。

师：这么快就能运用学到的知识解决问题了，真能干！

第 2 小组汇报

组员①：我们的线索一是 3 月 20 日是星期三，因为一周有 7 天，可以推算13号也是星期三，5号也是周三，然后往前标，可以得到3月1日是星期五。我们标出的日子有3月5日学雷锋日，3月8日妇女节，3月12日植树节，还有4月4日清明节。

师：太棒了！第2小组能根据一周7天，通过计算来完成，巧妙的方法！

第3小组汇报

组员①：我们小组制作的是5月和6月的月历卡，我们先确定6月的月历，根据线索6月10日是星期一，可以知道6月3日也是星期一，6月1日就是星期六。那么5月31日就是星期五。

组员②：我们标出的是5月1日劳动节，根据线索一中提示的6月1日是儿童节，6月10日是端午节及线索二中提示的5月12日是母亲节。

第4小组汇报

组员①：7月5日是星期五，所以往前数5天就是7月1日，是星期一。

组员②：7月有建党节，8月有建军节，所以我们小组用的是红色的主题色，画了红领巾和小国旗。

第5小组汇报

组员①：我们小组标出的特殊日有9月1日开学第一天，9月10日教师节和10月1日国庆节。

组员②：根据9月17日是星期二，我们倒着数出来9月1日是星期日。

第 6 小组汇报

组员①：根据 11 月 11 日双十一是星期一，我们知道了 11 月 4 日也是星期一，那么 11 月 1 日就是星期五。

组员②：还有 12 月 25 日圣诞节。我们还标了学校的节日，12 月有柚子节。

师：太好了！还想到了我们学校特别的节日。

教师课件出示学生作品，形成 2024 年年历。

师：同学们运用知识成功制作出了 2024 年的班级年历，你们真是太棒了！不仅标出了这么多节日，还想到了我们春芽学校的特色，看来这份年历上还能加上我们学校的名字。

## （三）跨单元实践

跨单元实践是指融合多个单元的知识进行的实践学习活动，旨在帮助学生将学科的知识进行前后关联整合和应用，结合长任务，实现学生学科素养的培育与实践能力的提升。

英语组以主题为引领，以项目化教学方式为驱动，以表现性评价为手段，创设真实情境，开展跨单元实践，促进学生在体验中学习，在实践中运用，在迁移中创新，提升学生综合运用各学科相关知识和技能解决实际问题的能力。

**例 3–28　英语跨单元实践学习课**

以英语五年级下册第三单元 My School Calendar 和第四单元 When is the art show? 的跨单元教学为例，这两个单元鼓励学生用英语介绍学校重大的活动、国内外重要节日的时间和主要活动。教师结合学校正在开展的“宋韵文化”传承与弘扬活动，设计与实施了题为 Traditional Festivals in the Song Dynasty 的跨单元学习，其内容如表 3-16 所示。

表 3-16　Traditional Festivals in the Song Dynasty 跨单元学习内容

| 名称 | | Traditional Festivals in the Song Dynasty | |
|---|---|---|---|
| 主题 | 主题群 | 人与自我 | 人与社会 |
| | 子主题 | 学校、课程、学校生活 | 常见节假日，文化体验 |
| 涉及学科 | | 英语、语文、信息与技术、美术、劳动 | |
| 核心知识 | | 1. 了解宋朝的重要节日及其英文表达<br>2. 能用英语介绍某一个传统节日的时间及习俗 | |
| 驱动性问题 | | 宋朝的政治、经济、文化等发展都很繁荣，宋朝的节日习俗丰富多彩，当前我们有很多节日习俗传承自宋朝，请你向来校交流访问的外国小朋友介绍宋朝的节日习俗，并带他体验其中一个节日习俗 | |
| 子任务 | | 1. 认真学习，能够用英语说出宋朝重要的节日名称，并且能说出其时间（几月几日）<br>2. 选择一个节日进行探究学习，能用英语介绍其传统习俗<br>3. 选择一个节日习俗进行体验，能有劳动成果<br>4. 开展小组合作，选择适当的方式向外国小朋友介绍宋朝某个节日（时间、习俗及其他你认为有必要介绍的内容） | |

在这两个单元中，学生在老师的带领下，系统学习了 12 个月份、序数词和日期的表达，能用英语介绍国内外的重要节日，例如中秋节、圣诞节等的时间、习俗等。

在核心知识的学习环节中，教师以学习传统节日的知识为主线，深挖教材中中国传统节日的相关内容，将第三单元和第四单元的教学内容进行整合。以元旦的节日习俗为例，教师在课堂中教授第三单元的目标词汇 January 和第四单元的目标词汇 first，以下为课堂教学实录片段。

师：Today we are going to know something about our traditional festivals. At the beginning of the new year, there is a big day to celebrate the New Year. Do you know what is it?

生：New Year's Day.

师：Yes, it is New Year's Day. It is on the first day of the first month. We call the first month...

生：January.

教师以拼读法教学单词January的发音，呈现1月的日历照片，明确单词的意义。

师：New Year's Day is on the first day of January. We can say it's on...

教师呈现日期January 1st，请学生朗读。

生：January first./ January the first.

师：Great! Let's read this word. First.

教师以拼读法教学单词first的发音，呈现1月1日的日历照片，明确单词的意义。

## 三、跨学科大实践

跨学科实践学习中不同学科教师和学生共同参与实践，在真实的生活情境中，学生整合各学科认知方式、思维模式使学习向纵深发展，从而学会从多视角、多维度、多尺度探究问题，用多元认知、多元思维的方式解读现象和解决问题。

## （一）主学科辐射其他学科

在推进学科实践的过程中必定会突破本学科的边界，涉及与其他学科的关联、跨学科共通的范式和概念等。生活中真问题的解决需要学生整合多学科学习的经验和知识。例如，在 The Song Dynasty and Now 主题下，英语实践学习的过程中需要多个学科参与其中（见表 3–17）。

表 3–17　The Song Dynasty and Now 跨学科素养目标

| 学科 | 实践学习目标 |
| --- | --- |
| 科学 | 了解从宋代到现在人类在科学技术上的发展及其演变历程，感受科技的发展，树立创新意识 |
| 信息科技 | 借助网络平台查阅相关资料，进一步了解宋朝的历史文化、科技成就等 |
| 艺术 | 尝试用个性化的方式美化文字、图片等作品，提高审美意识和能力 |
| 道德与法治 | 体验、感悟祖国优秀的传统文化，让民族文化植根于学生心中。讲好中国故事，传递中国声音，发扬中国文化 |

数学组在“年、月、日的秘密”一课中渗透地理相关知识，讲解年、月、日三个时间单位的产生，丰富课堂内容的同时拓展了学科领域。

**例 3–29　数学课中“年月日的秘密”**

老师投屏展示学生地球自转、地球绕日公转、月球绕地公转的作品（见图 3–3）。

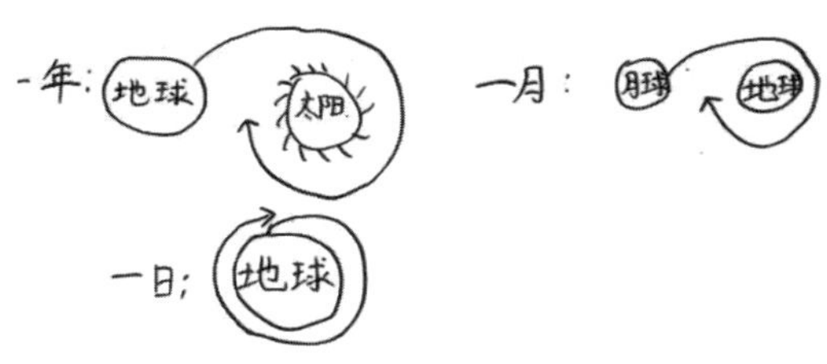


图 3-3 学生作品

生：我通过查阅资料知道一年就是地球绕太阳转一圈的时间，一个月就是月球绕地球转一圈的时间，一日就是地球自转一圈的时间。我就用画图的形式来表示了。

师：谢谢这位“科学小博士”的分享，让大家知道了年月日是怎么来的。

又如在“营养午餐”一课中，教师引导学生充分解读“营养均衡”一词，将科学知识很好地融入其中。

**例 3-30 数学课中的“营养午餐”**

师：这份菜单到底符不符合“营养均衡”这个要求呢？科学课上大家已经了解了人体所需的“六大营养素”和“平衡膳食宝塔”，分别请两位同学上台介绍。（学生上台介绍）

生 1：六大营养素的占比分别是：水 55%—65%，它可以用来运输营养物质和废物；蛋白质 20%，用于生长发育和受损细胞的修复；脂肪 15%，它是储备能源的物质；矿物质 5%，它是构成人体组织的材料；糖类 2%，是人体最重要的供能物质；维生素 1%，维生素是人体生命活动不可缺少的物质。

生 2：我要给大家介绍的是 10 岁儿童的膳食宝塔。第一层是谷类和薯类；第二层是蔬菜和水果以及生命源泉——水，每天要喝800—1000ml；第三层包含肉类，水产品和蛋类；第四层是奶及奶制品，大豆和坚果；第五层是盐和油，盐每天摄入量要小于4g，油20—25g每天。

师：感谢两位同学的精彩分享，他们带我们一同回顾了科学课所学知识。那你们这个年龄段的孩子每日及每餐的营养标准到底是什么呢？前期同学们也进行了调查，我们来听一听。

生1：我调查了10岁儿童每日营养标准。我们每天需要蛋白质40g左右，多吃蛋白质可以让身体更健康；脂肪50g左右，它是人体重要营养之一，做完运动可以吃颗糖或巧克力，但不能吃太多；每日需要钙800mg左右、锌12mg左右。

生2：我调查了10岁儿童一顿午餐的营养标准：热量需要3000千焦左右，碳水化合物需要100—133g、蛋白质25—30g、脂肪20—50g。我还调查了一些常见食材所含营养物质。每100g鸡蛋所含蛋白质13.1g、脂肪8.6g、碳水化合物2.4g、钠131.5mg；每100g牛奶所含蛋白质3g、脂肪3.8g、碳水化合物5g、钠65mg。

师：感谢你们的分享。请问每顿午餐3000千焦左右的热量是什么意思？

生2：就是3000千焦上下都可以，比如说2600千焦，3200千焦，都行。

（板书一顿午餐营养标准：热量3000千焦左右、脂肪20—50g、蛋白质25—30g）

师：通过同学们的科普，我们知道了一餐的营养标准。那我们就围绕热量、脂肪和蛋白质这三个对于小学生来说最重要的营养指标来研究学校午餐中的营养问题。

## （二）多学科交互式

在跨学科主题学习的核心知识学习环节中，英语组深挖教材中中国传统节日的相关内容，教师鼓励学生主动运用多门学科的知识，通过阅读多模态语篇获取更多的节日信息，在核心知识的教授环节鼓励学生积极运用多学科知识。

**例 3–31 英语“节日习俗”课**

以中秋节为例，通过课堂学习，学生能够用英语说出中秋节的大致时间及节日习俗。为了更深入地了解中秋节，探究宋朝时期人们的中秋习俗，教师在课上呈现了记载宋朝城市风貌的著作《梦梁录》和《东京梦华录》中有关的片段，鼓励学生运用语文学科小古文阅读的知识、方法和策略开展学习，片段如下。

师：Look at the picture, there is an important festival in autumn. Do you know what is it?

生：Mid-Autumn Festival.

师：Great! When is it?

生：It's in September.

师：Is it always in September? Let me help you. These are the calendars of recent years. Please find out when is Mid-Autumn Festival.

学生看近几年的 9 月、10 月的日历，找出中秋节的时间。

生：It's usually in September. Sometimes it's in October.

师：You're so clever. Mid-Autumn Festival is on the 15th day of the 8th lunar month. In the Gregorian calendar, it has no fixed day. It's usually in September. Sometimes it's in October. What will you do on Mid-Autumn Festival?

生：We'll eat mooncakes./ We will have a big dinner./ We will enjoy the full moon.

师：What we do now is inherited from ancient times. Do you know what did the people in Song Dynasty do on Mid-Autumn Festival? Let's read and find out.

教师呈现《梦粱录》和《东京梦华录》中有关中秋节习俗的片段，学生通过小组合作阅读，运用语文阅读小古文的知识和技能，讲解相关片段，进一步了解中秋节的习俗。

生：People will enjoy the full moon./They will get together and have a big dinner with family members./ They will have some fresh fruits.

在学生开展跨学科主题学习的过程中，他们需要不断地、主动地、积极地运用语文、信息技术、美术等学科的相关知识与技能，解决项目化学习过程中遇到的问题，突破学习过程中的难点，在主题的引领和任务的驱动下形成相关的学习成果。如学生需要进一步了解节日的习俗，可以通过查阅相关资料、观看相关视频、阅读相关文本等形式开展项目化学习，这需要学生运用信息技术课程的技能，利用手机、平板、电脑等电子产品上网搜索相关信息。在学生阅读多模态语篇的时候，遇到晦涩难懂的文言文、看不懂的英文单词时，也需要利用电子词典查阅。在设计成果阶段，部分小组采用绘制小报的形式介绍节日习俗，这需要学生利用绘画技能、颜色搭配技巧等美术学科相关的知识与技能，部分小组则选择制作 PPT 汇报学习成果，这需要学生主动利用信息技术课程的相关技能来实现。

同时，英语组的跨学科主题学习的驱动性任务中包含了一个体验节日习俗的子任务，学生以小组为单位，在组长的策划和组织下，在家长的帮助下，体验了写春联、做青团、包粽子等节日习俗，充分发挥了劳动技能，树立起了劳动意识。切身的体验让劳动的果实更加香甜，也使这次跨学科主题学习更具纪念意义。

学生的跨学科主题学习成果主要有小报展示、PPT 汇报和课本剧表演三类。这三种成果形式都符合驱动性问题中“向外国小朋友介绍传统节日习俗”的要求，是学生综合运用多学科知识和技能学习的产物。展示成果的过程帮助学生了解了我国传统节日的历史与文化内涵，加深了学生的民族文化理解，涵养了家国情怀。

以学生的课本剧为例，该小组成员以课本剧的形式讲述了屈原的故事，讲明白了端午节的由来、时间以及习俗，完整地呈现了小组开展跨学科主题学习的成果，表演生动，富有感染力。

**例 3-32　英语跨学科主题学习成果——课本剧**

旁白：On the fifth day of the fifth lunar month, he jumped into the Miluo River and drowned himself. The people in the village felt Qu Yuan was a noble man and were sad to hear about his death.

“百姓一”：Qu Yuan was loyal to the country. We always admire him.

“百姓二”：We can throw bamboo leaves filled with rice into the river. This can keep the fish from destroying his body.

“百姓三”：Right! Let’s do this!

旁白：The villagers made rice dumplings and threw them into the river to feed the fish. An they stayed in the boat to search for Qu Yuan.

旁白：To commemorate the loyalty of Qu Yuan, every year on the

fifth day of the fifth month of the lunar calendar, we celebrate the "Dragon Boat Festival". Chinese people all over the country make rice dumplings and watch dragon boat races to commemorate this loyal poet.

## （三）超学科联动化

超学科是打破学科壁垒，直接选择以生活问题带动学生开展超越学科界限的主题学习活动。超学科学习的关键在于整合知识，以了解现实世界。为了发展学生超学科学习的能力，教师力求每个主题都尽可能地发挥资源的有效性给学生充分的展示平台，同时还会配合“走出去”和“请进来”的方式，不仅能让学生到更广阔的世界里学习和探索，也会邀请不同的资源进校，让学生近距离了解各种信息。

对于学生而言，将已有的经验和新的知识不断进行整合、联系才能最大限度地提升其能力。学生不仅要有超学科学习的意识，还需具备相应的能力。

超学科实践有四大特点。一是趣味性，探究的问题以及方式能激发学生学习的内驱力及其能动性。二是相关性，与学生已有的知识、经验以及当前的环境密切相关，因此要将学习置于和学生的日常生活有紧密联系的情境之中。三是挑战性，即根据维果茨基的最近发展区理论，扩充学生已有的知识与经验，提升他们的能力。四是重要性，以探究人类共性问题为导向，对学生自身及社区都具有重要意义。

### 例 3–33 “芸薹节”主题探究活动

学校会在每年春天举办“芸薹节”主题探究活动，五年级的学生亲手播种油菜花种子，精心呵护，并测量、记录油菜花的生长数据，撰写观察日记，了解油菜花的一生。在此探究过程中，学生需要主动运用各学科知识和技能来观察、记录、制作，完成相应的子任务。“芸薹节”主题探究活动有以下特点。

（1）主题引领

“芸薹节”主题探究活动中，各科教师将学习内容依据主题进行组织，让学生在主题中探究、发现、思考和实践，从而达到知识的积累和能力的提升。注重学生的主动性和参与性，强调学生的自主学习和合作学习，培养学生的创造性思维和解决问题的能力，提升综合素养。

（2）任务驱动

在探究过程中创设真实的问题情境，设计相关的学习任务，以学习任务为动机激发机制，展开项目化实践学习，鼓励学生综合运用其他学科的知识、策略、技能等解决问题。[①]“芸薹节”主题探究活动由一系列真实的任务驱动学生逐渐深入探究，其任务链如图 3-4 所示。

（3）学科整合

在任务驱动下，学生在探究过程中需要主动运用各学科的知识和技能来解决相应的问题，如利用科学知识探究油菜花的植株结构、生长条件，运用数学的测量方法获取真实数据并记录整理，绘制油菜花生长图，运用写作方法以观察日记的形式记录油菜花的成长过程等。

① 吴刚平. 跨学科主题学习的意义与设计思路［J］. 课程·教材·教法，2022，42（9）：53-55.

步骤 1　完善基本信息

查阅资料，了解油菜花的基本信息，如生长条件、植株结构、作用等。

步骤 2　记录观测数据

种植油菜花，正确使用工具测量并记录油菜花的生长情况，如株高、花朵数量、果实大小、种子数量等。

步骤 3　撰写观察日记

结合查阅的资料、记录的数据等，综合运用写作方法撰写油菜花的观察日记。

步骤 4　制作手工艺品

利用油菜花的花朵、叶子、根茎等结构进行艺术创作，形成艺术作品并进行展示。

步骤 5　定格精彩过程

用相机记录探究全过程，并在探究活动结束后，制作成电子相册或视频作为留念。

图 3-4　“芸薹节”主题探究活动任务链

任务一：完善基本信息

驱动性问题：同学们，你认识芸薹吗？请你查阅资料，为芸薹设计一张基本信息卡。

子任务：

（1）查阅资料或询问老师、家长，认识芸薹。

（2）将你查询、获取到的信息整理归纳，为芸薹设计一张基本信息卡。

（3）美化你的芸薹基本信息卡（见图 3–5）。

| 图片 | 名称：　　所属类别：　　科　　属<br>生长条件：<br>功效 / 作用：<br>植株结构：<br>花朵 / 果实解剖图： |
|---|---|

图 3–5　信息卡

任务二：记录观测数据

驱动性问题　芸薹长得好快！几乎每天都有新变化！快来量量它有多高？

子任务：

（1）播种油菜花。

（2）观察油菜花的变化，用尺子等测量工具测量植株的高度、叶子的大小等。

（3）将收集到的数据填写在观察记录卡（见图 3–6）上，并根据信息绘制油菜花生长折线图。

| |
|---|
| 日期：__________　　天气：__________ |
| （是／否）发芽（是／否）开花（是／否）结果实 |
| 株高：__________ |
| 花朵数量：__________　　花朵颜色：__________ |
| 果实数量：__________　　果实大小：__________ |

图3-6　信息卡

任务三：撰写观察日记

驱动性问题：种植芸薹就好比照顾自己的宝宝，看着它每天都有新变化，你是不是很想把这些记录下来呢？快来写一写芸薹的观察日记吧！

任务四：制作手工艺品

驱动性问题：油菜花这么漂亮，快用你的奇思妙想把它变成各种有创意的手工艺品吧！

任务五：定格精彩过程

驱动性问题：在观察、实践过程中，相信同学们拍摄了很多照片和视频，快把这些过程性资料做成电子相册或者视频，永远定格在你的童年！

学生种植的油菜花在长成后，统一移植到学校的屋顶农场中，形成班级农场，成为学生的日常劳动基地，每一株油菜花边上都插着学生自制的信息卡，激励孩子们时常去浇水、除虫等，能够很好地培养学生的劳动意识，锻炼种植这一劳动技能。同时，学生的手

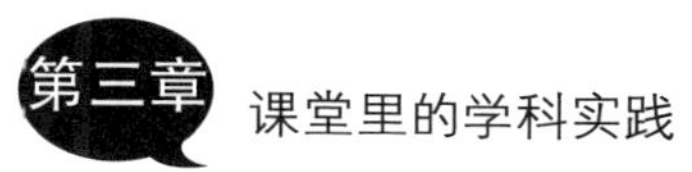


工艺品会在学校集中展示，观察日记在语文课上交流分享，电子相册在班队课上滚动播放，这都能给予学生良好的情感体验，增加他们的成就感。

# 第四章

# 实践育人视域下的亲情实践

家庭里的亲情实践是以体验感受为目的，以节日传统文化为内容，以亲子合作为途径，将节日文化和亲情教育结合起来，提升学生参与家庭活动的能力，引导学生、家长参与学习和实践体验。亲情实践充分发挥家校协同教育功能，促进学生同伴交往能力的发展，促进学生的综合素养的发展，增进亲子关系，助力育人理念的更新。从家庭到家国，亲情实践搭建了学生的学习梯度，拓展了育人的目标，提高了学生和家长互相爱、爱家庭、爱社会的能力。

## 第一节 亲情实践的理念

杭州春芽实验学校大部分学生的父母都是务工人员，父母对孩子的关心不够。二孩、三胎开放后，学生家庭结构发生变化，要求教育者更加关注学生的心理和性格。春芽开展了以情感作业为载体的亲情实践活动，在实践中初步形成了“家务系列”“体验系列”“分享系列”“爱心系列”等结合学校情况的情感作业系列，创设以“情感支票”为形式的自主体验模式，获得了学生、教师和家长的一致好评。在情感作业后设立了校本课程“亲情实践营”，基于学生的生活体验，遵循学生的认知体验，在内容设置上从自身、学校、家庭延伸到社会，有层次地推进。“亲情实践营”着眼于学生的品行与情感发展，注重通过参与互动、感悟体验等方式，在实践中锻炼同伴交往能力，培养学生热爱祖国传统文化、热爱家乡、热爱家人的情感。

# 一、亲情实践概述

## （一）亲情实践的概念

亲情实践是由学校发起，学生与家庭成员共同参与活动，从而加强家庭成员之间的亲情联系，具体是指通过参与学校设计的节日课程，以亲子合作为前提，以体验感受为目的，以亲情教育为途径，父母或其他家庭成员向孩子传授家庭价值观、习惯和文化传统。

## （二）亲情实践的方式

杭州春芽实验学校亲情实践依托节日资源、传统文化及家庭社会资源，以活动为载体将亲情教育、节日传统文化、感恩家庭教育、丰富多彩的活动有机整合，充分利用节日育人的价值，创新亲情教育模式。在实践中提升学生自主学习、合作和探究的能力，激发其热爱节日和民族传统文化之情，积极倡导孝亲敬长之情，增强家庭责任意识，增进政治认同、文化自信与家国情怀。

### 1. 结合节日活动

结合节日课程和亲情教育的亲情实践可以使家庭成员之间建立更紧密的联系，并能传承家庭文化和家庭价值观。通过这种实践，家庭成员可以共同庆祝重要的传统节日，增进彼此的了解和感情。亲情实践将亲情教育与节日元素结合，在节日课程中引入亲情，将节日文化与亲情体验相结合。学校利用节日组织各种亲情实践活动，如亲子运动会、家庭日等，让学生在活动中体验亲情、学会承担责任。在节日活动和庆祝过程中，家庭成员需要相互合作和沟通。这种实践有助于培养家庭成员的团队精神和沟通能力。

### 2. 创设亲情课程

将亲情作业融入课程内容，引导学生学会关心和尊重家人，培养他们的感恩之心和社会责任感。在实践中，关注两个关键词“节日”“亲情”，聚焦一个点“学生核心素养”，立足“四个学习”知识性学习、体验性学习、实践性学习和反思性学习，着力走向“深度学习”的课程研究。在节日期间，学习节日知识，参与节日活动，获得节日体验，记录节日感悟，传承中华文化。同时，增强学生的人文底蕴，倡导孝亲敬长，全面发展学生素养，增强国家认同、责任担当。

### 3. 倡导家校合作

鼓励家长参与学生的亲情实践活动，共同教育学生，帮助他们更好地理解家庭责任和亲情的意义。亲情实践用亲子体验联结“亲情”和“节日”，利用节日文化、亲情的情感功能，促进学生素养发展。传递家庭故事和历史：节日庆祝活动可以成为讲述家庭故事和历史的机会。这有助于家庭成员了解自己的家族背景，增强对家庭的认同感。通过共同庆祝节日，家庭成员可以感受到自己在家庭中的重要性和参与感。这有助于增强家庭成员的责任感和归属感。

### 4. 结合主题教育

在亲情实践活动中，加强主题教育，引导学生认识亲情的重要性，学会关心和尊重家人，培养他们的感恩之心和社会责任感。通过庆祝节日和开展相关活动，家庭成员可以学习和传承家庭、地区或国家的文化和传统。这有助于增强家庭成员对自己文化身份的认同感。春芽学校的亲情实践在挖掘传统文化节日的瑰宝的同时，与社会主义核心价值观文化元素相结合，坚持以红色文化和传统文化的洗礼，旗帜鲜明地加强学生的思想政治教育、品德教育，加强社会主义核心价值观的教育。

通过这些活动，春芽学校的亲情实践培养了学生的家庭观念和亲情观念，提高了他们的责任意识和实践能力，为他们未来的成长和发展奠定了坚实的基础。

## 二、亲情实践的意义和价值

与家长保持良好的沟通，了解学生在家庭中的表现，共同为学生制定合适的亲情实践目标，进而开展亲情实践。在小学阶段开展亲情实践活动对增进亲子关系具有重要意义。具体表现在以下几个方面。

### （一）促进学生发展

#### 1. 促进自身能力提升

通过学习、探究、实践等活动，学生不仅学习节日知识，习得生活技能，还激发自主探索和研究的精神，培养独立思考与解决问题的能力。亲情实践活动往往涉及多种形式和领域，可以让孩子在不同的实践中发现自己的兴趣和潜能，同时也让家长更好地了解孩子的个性和才能，为孩子的成长提供更有针对性的指导和支持。

#### 2. 促进责任意识增强

学生参与家庭日常事务，如打扫卫生、洗衣做饭等，让他们意识到自己在家庭中的责任。通过参与这些活动，学生可以更好地理解责任的概念。家长可以通过日常生活中的小事，培养孩子的责任心。让学生承担一定的家务任务，如洗碗、晾衣服等，可以让他们明白，每个家庭成员都需要为家庭付出一定的努力，承担相应的责任。孩子也能在家庭中学会尊重、关爱和合作，为未来的成长打下坚实的基础。

### （二）促进家庭育人理念进步

#### 1. 促进亲子之间交流

亲子合作，不仅可以增进亲子沟通，而且可以增加学生参与家庭活动的次数，提升团队合作能力，锻炼与人交往的能力，比如母亲节里给工作中的妈妈拍一张照片，父亲节时，和父亲说说心里话，这样的交流不仅增进了亲子交流，还能树立家长在孩子心中的形象；不仅拉近了爸爸妈妈和孩子的距离，还增添了父子、母女之间的默契。家庭成员可以共同度过愉快的时光，培养积极向上的家庭氛围，让家庭成为孩子学习、成长的温馨港湾。

#### 2. 塑造健康亲子关系

通过亲情实践活动，家长和孩子可以在平等、尊重的基础上建立互信，形成健康、积极的亲子关系，有利于增进孩子的心理健康和社会适应能力，可以让家庭成员感受到彼此的关爱和支持，可以有效地增进家庭成员之间的沟通与理解，增强家庭凝聚力，为孩子营造一个温馨、和谐的家庭氛围，强化家庭教育功能，为孩子的健康成长创造一个良好的家庭环境。

### 3. 转变家庭育人方式

在参与亲情实践活动过程中，家长会更加关注孩子的成长，观察孩子在不同情境下的表现，了解孩子的个性特点和潜能，认识到自己在孩子教育中的重要角色，从而更积极地投入到孩子的教育和培养中。通过参与亲情实践活动，家长可以探索更多适合孩子的教育方法和策略，以便有效地指导孩子的学习和成长。亲情实践活动有助于家长认识到自己在孩子教育中的责任，从而更加重视家庭教育，努力提高自己的育人水平。

### 4. 更新家长育儿理念

亲情教育实践，是家长、孩子共同参与的，是以感悟、体验的方式让孩子和家长有共同收获的。在实践中，家长提升了自己的育儿理念，产生了更多的感悟，有了更多的收获，可以更好地为孩子的健康成长保驾护航。

## （三）传承中华优秀传统文化

### 1. 熟悉传统节日

无论是传统节日还是现代节日都蕴含着丰富的教育资源。传统节日是中华民族灿烂文化的组成部分，如春节是团圆的日子，重阳节是尊老敬老的日子。现代节日，如元旦是一年的开始，大家互相祝福，学雷锋日，大家互相帮助。挖掘节日中的亲情元素，利用节日文化培育学生的亲情，无论是对于学生个体成长、群体发展、社会发展和文化传承都是十分必要的。

### 2. 热爱传统文化

培养学生对传统文化的尊重和热爱。针对不同的节日，设计富有传统文化特色的亲子活动，如包饺子、制作月饼、包粽子等，让孩子在参与活动的过程中了解和体验传统文化。在节日活动中，可以讲述与节日相关的传统故事，如《嫦娥奔月》《屈原投江》等，让孩子更好地理解节日的由来和文化内涵。鼓励家长、学校和社区共同参与，通过开展教育合作与交流活动，为孩子提供更丰富、更系统的传统文化学习机会。

### 3. 积极参与文化体验

鼓励家长积极参与和支持孩子的节日亲情实践活动，发挥家长在传承优良传统文化中的关键作用，让家庭成为传承优良传统文化的重要场所。倡导家长与孩子共同参与传统的家庭仪式，如祭祖、拜年、赏月等，让孩子在实践中感受传统文化的魅力；可以通过举办传统文化艺术表演、展示等活动，让孩子和家长共同欣赏和学习传统文化，如民间舞蹈、戏曲、书法、绘画等。

### 4. 增进社会文化参与

《我们的节日》栏目中，有一条醒目的标语：长中国人的根，聚中国人的心，铸中国人的魂。亲情实践可以帮助学生深刻理解社会主义核心价值观；增进社会参与与文化参与，陶冶爱家、爱国、爱世界的情操；增强社会责任感和民族自豪感；树立国家意识，提升国际视野，突破自我，提升创新意识。

综上所述，在小学中开展亲情实践活动，可以帮助家长提升教育意识、沟通能力、观察能力、问题解决能力，增强育人意识和培养家庭教育的责任感。这些能力的提升对孩子的成长和教育产生积极的影响，有利于培养健康、快乐、有成就感的下一代。

# 第二节 亲情实践的案例

家庭是孩子与父母、长辈共同生活的场域，在家庭中开展亲情实践，有利于联结家庭成员之间的情感，培植孩子的孝心、感恩之心、责任意识和劳动能力，营造良好的家庭育人氛围。孩子在家庭亲情实践中参与的实践活动是多元的，可能是一对一的交流，也可能是整个家庭的共同互动，我们根据家庭亲情实践活动的情感目标，将之梳理为以下三类。

## 一、祖辈情——传统节日中敬长辈传家风

### （一）重阳节

传统节日“重阳节”在我国有悠久的历史文化积淀，重阳节“敬老”这一习俗，自汉代以来，已流传了2000多年。学校以“九九重阳节，浓浓敬老情”为主题，开发了一至六年级的“重阳节”亲情实践作业序列（见表4–1）。

表 4-1 “重阳节”亲情实践作业序列

| 年级 | 主题 | 亲情实践活动 |
| --- | --- | --- |
| 一 | 小手敲出敬老情 | 我给长辈捶捶背：<br>为家中忙碌的长辈捶捶背，通过自己的实际行动，感恩长辈为家庭的付出 |
| 二 | 茶香飘动敬老心 | 我给长辈泡杯茶：<br>为长辈泡茶，双手奉上，并为长辈送上节日的祝福，表达感谢之情 |
| 三 | 一道美食品敬老 | 我给长辈做道菜：<br>了解长辈的饮食喜好，为长辈制作一道合心意的点心或菜肴，和长辈一起品尝 |
| 四 | 字里行间书敬老 | 我给长辈写封信：<br>以书信的形式，与长辈聊聊生活中的事儿，对长辈在生活中的关心表示感谢 |
| 五 | 家长里短话敬老 | 我与长辈聊家风：<br>听长辈讲家庭故事，了解家庭中一代代人的付出与贡献，记录并传承家风、家训 |
| 六 | 手把手儿智敬老 | 我教长辈学本领：<br>了解长辈生活中的困难，教长辈使用电子产品，学着“反哺”长辈表达感恩 |

低年级的亲情实践重在行动，为长辈捶捶背、泡杯茶双手奉上。孩子们在动手劳动中，体会到平时长辈对自己的点点滴滴照顾中饱含的关爱，并尝试着用自己的小手回报长辈的关爱。

中、高年级的亲情实践更侧重孩子与长辈之间的情感沟通，四年级与语文学科“学习书信格式”相结合，五年级与道德与法治学科“传承家风家训”相结合，旨在通过沟通，感恩长辈为家庭的付出，并将各自家庭的优秀家风、家训一直传承下去。

以六年级“手把手儿智敬老”作业为例，开展重阳节实践活动前，在讨论重阳节可以开展哪些敬老活动时，有很多学生提到，随着时代和科技的发展，爷爷奶奶、外公外婆，都遇到了“电子产品”使用的问题：不会使用电子支付，不会用微信发图片，不知道怎么使用一些常用的手机软件，手机遇到一些小问题就手足无措……针对孩子们对长辈生活的观察所发现的问题，大家共同提出了主题任务——教长辈使用电子产品。

在活动过程中，六年级的孩子们一展“科技小达人”的本领，耐心地、手把手地为长辈讲解电子产品的使用方法，比如姜同学在感悟中写道：“以前太外婆去做核酸都是刷身份证，昨天我特意帮她在手机上下载好了支付宝，还一步一步告诉她怎么出示二维码、怎么扫码，为了让太外婆不忘记这个技能，晚上我还陪她一起去做核酸，让她独立操作了一次。果然，到了扫码的步骤，太外婆紧张极了，我在她旁边轻轻地提醒她，周围的老年人看到了，都夸我孝顺，夸太外婆有福气，说得我都不好意思了。我想到，小时候太外婆一直照顾我，教我走路，现在我长大了，终于可以照顾太外婆了，我很自豪，也很幸福。”

除了教长辈使用电子产品，一些六年级的孩子还发现长辈对智能家电的使用也不是很熟悉，于是主动教长辈使用这些智能家电，比如吴同学就在感悟中写道：“奶奶总是每天早上 4 点多就起床为全家准备早饭，我问了奶奶为什么要这么早起来才知道，原来我们大家爱吃的杂粮粥要炖一个半小时才能炖得又软又糯，而奶奶却不知道炖粥的电饭煲的预约功能怎么使用。于是，我拿出电饭煲说明书研究，学会了以后，把用法教给了奶奶，预约好了第二天早上的煮粥功能。可是，第三天早上，我又听到奶奶一大早就起来了，这是怎么回事儿呢？原来，过了一天，奶奶又忘记怎么按键了，真让我哭笑不得。我反思了一下，应该是我的‘教学’不到位，所以我就把步骤概括了一下，写在便签上，贴在电饭煲的旁边。奶奶看到后，直夸我贴心。我想，我只是帮奶奶做了这一点点小事，而奶奶一直无怨无悔地照顾着我们全家，我以后对奶奶的关心要再多一点。”

## （二）清明节

十岁，是小学生成长的一个里程碑，学校德育处将“十岁成长礼”与“清明”系列活动相结合，在这个传统节日里，倡导学生“听长辈讲家庭变迁，和长辈一起祭祖、踏青、采摘，学做一道时令菜”。

听长辈讲家庭变迁，感受家庭中一代代人的努力奋斗，感受党领导下人民生活的改善、时代的进步，从家庭故事中树立志向，唤醒梦想；踏青，和长辈一起锻炼身体，促进亲情；采摘，跟着长辈一起学习植物知识，认识各种野菜，感受春的美好，体会与大自然的共在感；学做菜，锻炼生活能力，渗透中医养生，在劳动中体会一粥一饭来之不易，感恩长辈的付出，学着用自己的行动回馈长辈的关爱……一举多得。

第一次下厨，三年级孩子们反馈道：“我第一次知道，奶奶爱吃的马兰头竟是路边的野菜，真神奇！”“虽然我总是把野草和荠菜混在一起采，但我和爷爷一起采荠菜，增长了好多知识，玩得好开心！”“做菜可不容易，我再也不对外公烧的菜挑三拣四啦！”“在外婆的指导下，我学会了杭州名菜——腌笃鲜，好有成就感。我要多学几道菜，等外婆过生日，给她做一顿大餐！”

听长辈讲家庭变迁，三年级的孩子们感慨道：“清明节跟爷爷奶奶一起回老家，看到了奶奶以前烧饭用的土灶，奶奶特意用土灶烧了锅巴饭给我吃，虽然锅巴很香，但是土灶用起来实在是太不方便了，烧柴火又脏又热又累，搞得帮忙烧火的我一脸灰，还是现代化的厨房更方便啊。”“现在我们全家住得很宽敞，每人一个房间，没想到，外公外婆年轻的时候，竟然是一家五六个人挤在十几平方米的房子里，外婆说，全靠外公起早贪黑做豆腐，赚来第一桶金，我们家的生活才越来越好！”

长辈们也在亲情实践反馈中写道：“以前辰辰总嫌我唠叨，经常跟我顶嘴，我心里总是埋怨这个小孩怎么这么不懂事，好几次想跟女儿说不留在杭州带这个孩子了。这个清明节我们一起去萧山老家上坟，辰辰跟我一老一小，一边爬山，一边听我教他认野菜，听我讲老底子的那些事情，他一句‘外婆，你年轻的时候真不容易啊，家里都靠你！’让我也发现，其实辰辰还是听得进道理的，可能是我平时跟他沟通的方式不对，对他指责太多，激起了他的逆反情绪，谢谢学校的这次作业，让我和外孙有了一次有效的沟通。”“今天跟萱萱一起采了马兰头，萱萱还学了凉拌马兰头，她说‘奶奶经常生气’，听说马兰头‘清火’，让我多吃点，还说自己以后会少跟我吵架，让我少生气。这个孙女，真是既调皮又可爱，是我生活中的‘开心果’。”

## （三）春节

春节是中华民族的传统节日，是中国人最重视的节日，也是孩子们和他们的家庭中最隆重的节日。经过世代的沿袭，春节逐渐形成了各式各样的风俗习惯：贴福字、贴春联、穿新衣、吃团圆饭、拜年、拿压岁钱……对于低年级的孩子来说，他们从这些习俗中感受着春节的热闹和欢乐，但这些习俗所承载的几千年的中华传统文化和蕴含着的人民对美好生活的向往是小朋友们所不理解的。因此，这次亲情实践活动不仅仅停留在结合生活经验体验春节习俗的层面上，更引导学生探究习俗及其来历、内涵以及年俗随着时代在不断变迁等，使孩子们对传统文化内涵和中华民族精神更容易理解和接受。

以一年级为例，过年收“压岁钱”是孩子们最熟悉和盼望的习俗，或大或小的一个个“红包”里，承载的是长辈们对孩子的美好祝福。如何让孩子学会感恩，学着回报长辈们的爱呢？一年级的春节亲情实践就采用了孩子“给长辈发‘压岁钱’”这一“反向发红包”的形式，孩子们在红纸上写下对长辈祝福的话语，放入精心绘制的画作，送上的是一份成长的自豪，是一份对长辈的关爱，更是一份爱的回馈。

比如一年级的安琪小朋友就给外公外婆和太外婆送上了三个不同的“红包”：送给外公的是“心想事成，恭喜发财”；送给外婆的是“身体健康，天天开心”；送给太外婆的是“万事如意，长命百岁”。为什么会送上这些不同的祝福语呢？在活动后的交流反馈中，安琪同学和大家分享说：“外公是做生意的，所以希望外公的生意越做越好，多赚钱，不要很辛苦。外婆为了照顾家很忙碌，去年还住院做了手术，所以希望外婆在新的一年里要健康。太外婆是家里年纪最大、最宠我的，所以希望太外婆能和我一直快快乐乐地生活在一起，等我长大了孝顺她。”从一年级孩子的童言稚语中可以发现，通过活动前的“准备课”，孩子们都能留心到长辈的职业、年龄、需求，经过思考，送上合适的祝福，这不就是孩子们“家庭责任心”的小小体现吗？

长辈们在反馈中的留言也非常感人，有一位爷爷写道：“以前过年，都是我给轩轩发红包，今年收到了轩轩给我的红包，非常意外，也非常惊喜。感谢老师的教育，轩轩越来越懂事了，作为爷爷，我为他高兴。”一位外婆写道：“宝贝给外婆的祝福红包收到了，外婆心里甜滋滋的。宝贝虽然才上了半年小学，但是字却一笔一画，写得端端正正，外婆特别开心，特别骄傲，老师辛苦了！”

## 二、亲子情——家务劳动中增沟通促理解

### （一）父亲节

2015 年端午节、全国低碳日、父亲节恰好在同一周。“端午节”是学校特色德育活动；“低碳日”是区少工委倡议的环保活动；“父亲节”则是孩子向父

亲表达爱意的好时机。如果在一周内连续开展三个节日活动，非但不能取得良好的德育效果，还会使学生、家长、老师疲于应付。

于是，学校鼓励孩子们开展讨论，寻找三个节日的结合点，设计了以"'爸'气十足过端午，低碳生活有妙招"为主题的亲情实践活动。活动有三大目标：一是了解三个节日的日期；二是给爸爸剥一个粽子，感恩父亲，共度佳节；三是与父亲一起做一件低碳环保的事，促进亲子沟通，培育环保意识。

巧妙的活动设计、新颖的活动形式，不仅让学生轻松地参与其中，获得了不同于前几年过节的体会，也针对目前家庭教育中"父亲角色缺位"的问题，搭建了父亲和孩子之间交流的平台，深受爸爸们欢迎。

一位四年级的孩子就在活动感悟中写道："这是我第一次自己剥粽子，因为以前吃粽子都是爸爸给我剥好的。今天是父亲节，所以我也要给爸爸剥个粽子，让爸爸感受一下我的爱。可是没想到，想法容易做到难，开始剥粽子时我才发现，粽子里的糯米特别黏，粽子皮特别难剥。我剥的时候，糯米黏了我一手，粽子被剥得坑坑洼洼。但是爸爸却说，因为今天的粽子是我剥给他吃的，特别美味。这句话特别暖心，也让我特别愧疚，我想到以前爸爸给我准备好的早饭，我总是不爱吃，惹他生气。以后我吃早饭要乖一点，也要多帮爸爸做一点家务事。"

而这位孩子的爸爸则在反馈中这样写道："在父亲节这一天，吃到儿子亲手剥的粽子，很惊喜。更满意的是看到儿子在亲情实践反馈表上写的这段话，让我感受到儿子越来越懂事了，这是老爸收到的最好的节日礼物。"

### （二）母亲节

母亲节是一个感恩母亲的节日，对于小学生来说，如何把对妈妈的感恩之情化作平时生活中对妈妈关爱的实际行动呢？

以二年级为例，母亲节这一周，二年级语文学科正好在课文中学习了书写“喜欢”这个词语，于是，二年级组便结合学科知识点进行拓展，开展亲情实践活动，让学生“问一问妈妈‘喜欢’什么，再和妈妈一起做一件让她开心的事”，二年级学生实践后的小练笔，呈现了别样的精彩（见图 4–1）。

喜欢

妈妈喜欢吃桔子，因为桔子的味道酸酸甜甜的。

妈妈也喜欢吃苹果，因为苹果又脆又甜。

妈妈喜欢的颜色是黑色，因为黑色可以使人看起来更成熟。

我只知道做关于妈妈的这些事，但是妈妈却知道我所有的一切。我想：我应该更加关心妈妈。

（a）

喜欢

今天是星期六，我问妈妈："你喜欢吃什么？"

妈妈说："我爱吃苹果。"

"哦，我知道了，下次爸爸再买来苹果，我一定会把最大最红的苹果留给您。"

妈妈听了我的话，开心地笑了。

（b）

喜欢

星期六晚上，我陪妈妈去商场买衣服。

我问妈妈："您最喜欢什么款式的衣服？"

妈妈笑了，说："我最喜欢白颜色的衣服。"

我帮妈妈挑了一件纯白色的衣服。妈妈穿上了这件衣服以后，简直就像一位窈窕淑女。

妈妈高兴地说："谢谢你！"

我也高兴地笑了。

（c）

喜欢

我问妈妈："您最喜欢吃什么？"

妈妈回答："我最喜欢吃水果。"

我又问："您喜欢吃什么水果？"

妈妈说："我喜欢吃芒果。"

我惊讶地问："我们吃芒果时，怎么从来没有看见您吃呢？"

妈妈笑着回答："因为你也喜欢吃呀。"

我终于明白，为什么不见妈妈吃芒果……

（d）

图 4–1　二年级学生小练笔

这次亲情实践的小小的调查和练笔作业，不仅提升了学生的遣词造句的能力，而且一段段简朴而不失童真的话语，包含着浓浓的亲子之情，包含着对母爱更深的理解，包含着感恩与回报的萌芽。

### （三）寒暑假

每年的寒假、暑假，假期长达几十天，对于家长和孩子来说，是最容易爆发“亲子矛盾”的时间。学校尝试通过家庭亲情实践让不同年段的孩子坚持完成诸如“吃饭前帮家人摆放碗筷，饭后收拾餐桌”“帮大人洗碗”“和家人一起买菜”“家庭角色换位体验”等家务劳动技能类实践，让孩子通过劳动感受到自己是有用的，并由此而产生自豪感，以此唤醒孩子的家庭意识，培养孩子对家庭的责任意识，体会父母为家庭的付出，与父母共同分担家务。

比如，二年级暑假期间的“和家长一起买菜”这项亲情实践活动，要求孩子在家长的指导下，和家长一起购买一餐的荤素菜，并且把购买的材料拎回家。

虽然教师在放暑假前的实践指导课上已经就荤素搭配、家人口味等方面做了比较细致的指导，家长在出发前也和孩子进行过讨论，但是从很多家长的反馈来看，不少孩子一旦进了菜场或超市，就把要求抛之脑后，这也想吃、那也想买，还只拣自己喜欢的挑，结果买了一大堆拎不动，只好由家长帮忙。

针对这样的情况，在暑假后的亲情实践完成情况反馈交流中，请做得比较好的孩子谈谈自己是怎么和家长一起买菜的，买了什么菜；并在九月第二周布置了“了解家人最喜欢吃的一道菜”的亲情实践活动；在第三周布置了“向父母了解家庭的开支情况”的亲情实践活动。

在这一系列的调查了解之后，利用国庆假期，再次布置了“和家长一起买菜”的亲情实践活动，并且建议家长根据平时家庭的资金情况控制孩子的买菜费用。

从反馈来看，第二次买菜完成得比较成功，孩子们基本上能够兼顾家人的喜好，做到荤素搭配和适量。虽然孩子极少有可能独立去买菜，但孩子从不会买菜到学会买菜的这个过程，其实是他们参与家庭生活，并且在参与中理解父母的过程，更重要的是，孩子们在这个过程中体会到了生活的细节，感受到了为父母分担责任的成就感，从而增强了孩子的家庭责任意识。

## 三、手足情——协同成长中懂互助乐分享

### （一）家庭日

随着国家生育政策的变化，越来越多的二孩、三孩家庭出现，家庭新成员的出现，分散了父母的教育精力，家庭结构的变化给亲子关系带来了新的挑战。学校尝试通过亲情实践，培养家庭中多个孩子之间的手足情谊，让多孩家庭的孩子们在协同成长的过程中，懂得互助，乐于分享。

比如在5月15日国际家庭日这天，学校号召孩子们和家里的哥哥姐姐、弟弟妹妹一起实施“家庭健身计划”，一起开展家庭体育锻炼和健身打卡活动，争当“健康家庭”。

四年级的沈同学在反馈中写道：“我是班级里的‘体育达人’，跳绳、跑步、篮球、街舞、足球……不管什么体育运动都很擅长，但我的弟弟却是个‘小胖子’，什么体育运动都不喜欢，连体育达标的项目跳绳过关都有问题，一直让妈妈喊‘头大’。今年的家庭日活动，我就带弟弟一起打羽毛球，没想到他一下子就喜欢上了这项运动。希望我们家的羽毛球健身计划能够一直坚

持打卡，最好获得‘健康家庭’称号。”

而沈同学二年级的弟弟小沈同学，则在感悟中写道：“我很容易感冒，妈妈说是因为我太胖，不喜欢运动，所以体质太差，要我多参加锻炼，但是我不喜欢锻炼，所以还是很胖。现在哥哥每天陪我一起打羽毛球，我觉得比跟妈妈打有意思多了，所以我现在有点喜欢锻炼身体了。”

两位沈同学的妈妈则在反馈中写道：“我家老大体育很好，老二的体育却很差，真是哭笑不得。虽然我们以前也经常催促老二锻炼，但是他总是推三阻四，不愿意出去。自从老大实施家庭健身计划以后，每天陪弟弟一起打羽毛球，没想到哥哥这么有办法，竟然让弟弟一下子就喜欢上了这项运动。有时候我想陪他们一起打，兄弟俩反而嫌弃我，让我体验了一把‘甩手掌柜’的轻松和快乐。看来，以后弟弟的作业辅导，也可以试着多拜托哥哥啦，哈哈！”

### （二）微笑日

“世界微笑日”的创始人赋予它“宣扬微笑友善信息”的含义，学校借助这个节日的内涵，在学校的二孩、三孩家庭中开展了主题为“有你，真好”的亲情实践活动，让孩子们在这一天，对家中的哥哥姐姐、弟弟妹妹“展露一个真心的微笑”，“送上一个大大的拥抱”，“夸奖一下兄弟姐妹的优点”。

活动反馈中有很多感人的话语。一位五年级姐姐的文字，特别让人动容：“以前，我对弟弟更多的是埋怨，他抢走了我的玩具，抢走了我的零食，也抢走了我的爸妈……让我的生活变得一团糟。所以，我总是对他不耐烦，总是对他大呼小叫，总是惹得他号啕大哭……然后，引来爸妈的一顿臭骂，让我更加责怪他，厌恶他，甚至在心里抱怨老天为什么要把他安排在我的身边，是对我幼年不懂事的惩罚吗？微笑日那天，我勉为其难地向他挤出了一个微笑，他却蹒跚着扑到我的怀里，幼稚地对我说‘姐姐，笑，好看’。那一瞬间，我有点不知所措，突然间心中生出一阵阵后悔。我以前为什么没有发现他是那么包容我、依赖我、喜欢我！那么，从今天开始，让我们好好相处吧，亲爱的弟弟！总是爱跟我分享沾着口水的棒棒糖的弟弟！”

这位女生的妈妈，在活动后的一次交流中反馈道：“决定生二胎之前，我们征求过女儿的意见，她当时就不同意。可是考虑到女儿长大有个伴，我们还是生了二胎。没想到弟弟出生后，女儿的情绪那么激烈，两个孩子之间产生了那么多矛盾，甚至让我们产生了为了女儿把弟弟送回老家让奶奶带的想法。最近，女儿和弟弟相处逐渐变和谐，我感到很欣慰。”

### （三）“爱的支票”

在协商主题完成“固定”亲情实践活动这一模式的基础上，学校还设计了以“爱的支票”为形式的“自主”亲情实践体验，活动拓宽孩子们与家中兄弟姐妹分享互助的渠道。学校以开设“亲情银行”的形式，印制了“爱的支票”。每个孩子可以根据自身的情况，自主选择“爱的支票”的支付对象、支票内容、有效期限等；而收到“支票”的兄弟姐妹，则可以在需要的时候要求对方兑现“爱的支票”——完成自己承诺的亲情互助分享；当“爱的支票”兑现后，开出“爱的支票”的学生即可获得一定的积分，这些积分纳入到亲情实践活动的积分奖励制度中，可以在每学期评选“悦品少年”“校级FAMILY”时使用。

“爱的支票”这种生动活泼且自主的亲情实践形式，充分调动了学生参与的积极性，有效地促进了家庭中兄弟姐妹之间的分享和互助（见图 4–2）。比如有的学生在“爱的支票”写道：“哥哥要参加班级足球联赛了，我要为哥哥加油。”“弟弟跳绳还没有达标，我会陪你一起练习。”“我会辅导妹妹做数学题目。”“我愿意教弟弟踢毽子。”“我愿意把老师奖励的零食跟姐姐分享。”“双休日我负责给弟弟换尿不湿。”……虽然孩子们给自己布置的情感作业略显幼稚，但孩子们给兄弟姐妹开出的一张张“爱的支票”，正是孩子愿意与手足分享，愿意为家庭付出的表现。学生在这个“承诺—付出—兑现”的过程中，对家人、对家庭的爱也越来越浓了。

| **存根** | **爱的支票** |
| --- | --- |
| 日期______ | 有效期______ |
| 接收人______ | 至______ |
| 内容______ | 支付给______ |
| ______ | 支票内容______ |
| ______ | ______ |
| 签名______ | 编号：001　　签名______ |

图 4-2　“爱的支票”

# 第五章

# 社会里的全域实践

社会里的全域实践相较于其他实践，属于综合性更强的实践学习。作为满足人成长需要的重要实践活动，它具有多维性、情境性、过程性、价值性等特点。它整合校内外资源，密切联系学生的年龄实际和生活经验。在实践活动中，学生通过学习探究、体验感悟、活动实践等将自身的力量作用于特定的活动中，而特定的活动又反过来作用于学生。在此过程中，学生实现自我理解、自我实现以及自我超越，并获得精神的丰盈。通过社会里的全域实践学习，学生逐渐学会思考各种社会现象，反思生活，提升了自己在真实、复杂情境中解决实际问题的能力。

## 第一节 全域实践的基本内涵

“全域”指“全领域”，它涉及在更大的时空中学习方式的改变，更强调学科间的融合，以大主题、大任务来呈现。学生通过个体有意义的全域实践，在探索中关注社会、理解社会，通过体验、探究、交往，在生活实践中增强社会责任意识。

## 一、多维性

社会里的全域实践是连接学校与社会之间的桥梁，是学校开展实践育人的重要平台，且社会里的全域实践具有多维性。实践学习本身需要学习者有认知学习、文化学习、社会学习等多维体验。从时空、地域上来说，全域实践学习要跨越几个季节，并且要整合校内、校外不同的人文资源、社会资源。学生在不同时间、不同地点的实践学习的过程中获取、理解、巩固和运用知识，体会思想方法，提高学习能力。

## 二、情境性

社会里的全域实践具有情境性。实践学习并不是单纯的头脑内部信息输入输出的活动，而是个体基于已有知识结构和生活经验在具体、真实的情境中主动参与的实践。社会里的全域实践在学校与社会生活中架起了沟通的桥梁，将学业学习和社会实践结合在一起。比如学校每月开展 1—2 次走读实践、服务社会。学生在自主实践中融合多学科的知识，去解决问题，获得直接经验，建立知识体系。因此，全域实践学习属性的情境性还表现为实践学习对情境的依赖，没有具体而真实的情境，实践学习的效果就难以得到体现。

## 三、过程性

社会里的全域实践具有过程性。任何学习都是一个过程，都是以过程的形式存在的。全域实践的过程是教师和学生围绕一定的实践学习主题，在真实的学习情境中，通过交互式活动进行的学习活动，是一个在时间和空间上不断变化的过程。社会里的全域实践利用校外的社会资源，引导学生通过实践探索寻求解决方案。全域实践学习的过程性属性表现为学习的动态性、生成性、交互性和创造性，不着急将知识点灌输给学生，而是让他们先经历认知经验和探索的过程，突出学生能力的培养，促进学生思维的发展。

## 四、价值性

社会里的全域实践具有价值性。学习是一种价值性实践，学生在丰富的社会全域实践活动中了解社会、认识自然、获得知识、丰富体验、发展自我，建构完满的精神世界。通过价值性的实践活动，逐步形成了学校、家庭、社会的教育合力，建立起科学、统一的育人理念，积极推进育人方式变革。这有利于促进学生形成自己的价值观念，丰富自我的精神世界，有利于学生德智体美劳全面发展。

## 第二节　全域实践的结构设计

全域实践的结构设计从素养导向、主题厘定、过程设计和探究方式这四个方面展开，诠释了学校如何在全域实践学习中培养学生在真实而复杂的环境中的思维方式、行动能力与态度价值观。

### 一、素养导向

自21世纪伊始，众多西方发达国家和国际组织纷纷提出了各自的核心素养框架。其中，欧盟终身学习核心素养的共同框架提出了批判性思维、创造性、首创性、问题解决、风险评估、决策、建设性情绪管理等七个跨学科素养。美国21世纪技能联盟提出的21世纪学生学习结果及其支持系统主张学生应该具备成功适应新型世界经济的四个“C”，即创造性、批判性思维、沟通交流和团队协作。由思科（Cisco）、英特尔（Intel）和微软（Microsoft）三大信息技术公司发起，包括澳大利亚、芬兰、葡萄牙、新加坡、英国和美国等六个国家在内的21世纪技能教学和评价项目（ATC21）从思维方式、工作方式、工作工具和生活技能四个维度提出了21世纪技能的关键构成。

随着我国基础教育课程改革的不断深入，核心素养教育取得了丰富的研究成果和实践成果。在中国，学生需要发展的核心素养被界定为学生应该具备的、能够适应终身发展和社会发展需要的必备品格和关键能力。北京师范大学中国教育创新研究院与美国21世纪学习联盟（P21）开展合作，在P21提出的21世纪核心素养4C模型（审辨思维素养、创新素养、沟通素养、合作素养）的基础上，新增文化理解与传承素养，构成5C模型，即文化理解与传承素养、审辨思维素养、创新素养、沟通素养、合作素养。

综观上述核心素养框架，北师大的“21世纪核心素养5C模型”既符合中国实际，彰显了本土特色，又在一定程度上体现了国际视野和发展趋势，为我国培养担当民族复兴大任的时代新人指明了道路和方向。因而，春芽学校里的全域实践围绕5C素养展开，让学生在120多个全域实践项目中全面发展5C素养。

### （一）全域实践的素养维度

文化理解与传承素养：包括在认知层面对不同文化内涵、特征及其共性与差异的认识和理解，也包括在价值观层面认同并愿意传承中华优秀传统文化中所蕴含的价值观念、道德伦理、风俗习惯和行为方式等，还包括在行为层面切实践行中华优秀传统文化中所蕴含的这些价值观念和道德伦理等。

审辨思维素养：是个体适应未来社会发展所需的核心素养。审辨思维内涵要素分为四个方面，即质疑批判、分析论证、综合生成和反思评估。

创新素养：包括创新人格、创新思维和创新实践三个要素。

沟通素养：是一个包含了语言能力、思维能力和社会情感能力的复合型素养，包含深度理解、有效表达和同理心三个要素。

合作素养：对于促进个体发展、实现组织目标、维系社会运转并推动社会进步具有重要意义。

## （二）全域实践的目标体系

为了使每一种能力素养都有效落实，我们把每一种素养目标按年段进行了细化，使得每个单元每个项目在落实素养目标时更为清晰和准确（见表 5–1）。

表 5–1　全域课程目标体系

| 素养 | 年段 | 目标 |
| --- | --- | --- |
| 文化理解与传承素养 | 一、二 | 尊重社会文化和传统，增强民族自尊、自信<br>热爱传统文化，增强文物的保护意识 |
| | 三、四 | 了解各场馆的历史、特色、规模、功能和类别等知识<br>自觉遵循优秀传统文化中所蕴含的价值观念、道德伦理和行为习惯 |
| | 五、六 | 了解实践学习主题凸显的人文精神<br>结合个人兴趣爱好，弘扬优秀传统文化<br>能用语言、图表、PPT、小组汇报等形式阐述实践学习所涉及的社会问题，具有尊重多元差异的立场和开放包容的心态，对常见的文化现象和观点作出评价与反思 |
| 审辨思维素养 | 一、二 | 在全域实践学习的过程中能提出自己的问题，培养初步的审辨思维，养成思考的好习惯<br>复盘学习过程及完成情况，反思经验与教训 |
| | 三、四 | 能从不同角度不断提出新问题<br>不盲目相信，亦不盲目拒绝，对待任何事物都有自己的看法与思想<br>能评价自己、他人和小组团队的行为表现 |
| | 五、六 | 理解实践学习中所蕴含的科学知识，善于思考和分析，追求准确和精细，审慎地、辩证地看待问题<br>能运用适当的标准评价自己、他人和小组团队在探秘过程中表现的思维、行为和成果 |

续 表

| 素养 | 年段 | 目标 |
| --- | --- | --- |
| 创新素养 | 一、二 | 有强烈的好奇心和较强的求知欲<br>勇于挑战和冒险，有自己的观点<br>围绕全域实践学习目标或遇到的问题，搜集不同来源的信息和资源 |
| | 三、四 | 具有开放的心态，学习过程中愿意接纳新生事物，乐于探究复杂事物，对自身的创造力有信心<br>能够沿着不同的方向进行发散性思考，从多个角度寻求解决问题的途径<br>并能主动吸收新的思路和方法，产生创意，解决问题 |
| | 五、六 | 能坚持自己的观点，具有较强的自主性、独立性<br>能根据一定的目的，将多种思路和多种信息梳理聚集，进行系统分析与推理，得出有效的解决方案<br>根据一定的主题，开展创新实践活动，形成展示成果 |
| 沟通素养 | 一、二 | 尊重他人，学会倾听<br>能用流畅的语言表达自己的观点，条理清晰 |
| | 三、四 | 能感知、理解他人的感受、情绪和情感，体会其意图、思想和价值观<br>能对信息的来源、观点的可信度、论证的充分性进行反思与评价 |
| | 五、六 | 能从他人的立场上思考和处理问题<br>能有效地运用各种形式或手段，特别是信息技术手段表情达意，表达的内容符合社会规范、伦理道德，符合相关语境 |
| 合作素养 | 一、二 | 乐于参与团队活动<br>充分发挥个人能动性，积极主动承担分内职责 |
| | 三、四 | 参与制定团队学习目标，建立共同价值观<br>参与制定团队具体学习方案，并能遵守团队规则<br>合理表达个人观点，对出现的分歧与争议进行有效协商 |
| | 五、六 | 在共同愿景下积极思考个人定位和目标，并不断调整个人目标，与团队愿景一致<br>个人运用沟通技能，本着互尊互利、平等协商的原则，与同伴对话，有效推进团队学习进程，实现共同学习目标 |

## 二、主题厘定

在全域实践的项目化学习中我们设计了四个主题：鉴·历史、行·生活、研·科学和溯·艺术。每个主题都有鉴定，涵盖该主题的核心概念。每个主题在各个年级都有确定的年级主题，每个年级主题都有各自的内涵，分别指向不同的任务和活动。根据学生在不同成长阶段的现实需求，设置跨学科主题实践活动，综合利用多学科知识和方法，解决实际问题，培养学生的创新精神、思维能力和实践能力。

### （一）鉴·历史

学生通过历史体验、历史探究、历史实践，在特定的历史情境下，以任务驱动的方式进行沉浸式学习，在发现问题、探究问题和意义建构的过程中，了解项目所蕴含的人文精神和人文历史知识，提升对历史的认知，发展历史思维，审慎地、辩证地看待历史问题。

### （二）行·生活

学生通过现实生活、生活经验、生活环境，在真实的活动中，以生活为中心进行探究性学习，在学习中生活，在生活中学习，培养个体综合素质，提升社会认知水平与生活能力，激发自我意识与社会性发展。

### （三）研·科学

学生以主体的姿态开展科学研究，以自主探究和小组合作相结合的方式学习，在交流、调查、搜集、操作及实验过程中，培养科学素养，激发探求科学世界的好奇心，体悟到学习科学的意义，真正做到把科学学习从课堂延伸至社会。

### （四）溯·艺术

学生通过艺术实践从各方面以多样化的形式创造和表现生活，在观看、交流、体验等过程中，用艺术审美去观察现实生活中的人、物、事件冲突等，培养语言表达、艺术鉴赏、团队合作等能力，提高艺术素质，培养审美感知、艺术表现、创意实践。

## 三、过程设计

全域实践主要以引导和鼓励学生独立思考、合作设计相关实践学习项目为主。由学校统一安排和组织，以学科整合的视角提出问题、分析问题和解决问题，引导学生对各主题开展项目式学习。实践活动大致分为“实践准备—实践探索—实践拓展—实践反思”四个环节。

## （一）实践准备

学生可以通过网络、图书和周围的老师找到活动资料；针对主题活动提出驱动性问题并进行头脑风暴；准备活动所需要的工具和材料；确定最后成果如何展示。

老师要提前联系活动地点，确定时间与主题；进行分组，以小组为单位进行主题活动；设计探秘足迹卡；制定评价量表；联系社会场馆给学生提供实践的空间。

## （二）实践探索

分小组开展探索中华老字号、走街串巷感受烟火气等实践活动，对搜集到的资料进行分析、整理、综合，实地体验，有序探究，并填写研究单（见图 5-1）。

图 5-1　自然博物馆探秘任务单[①]

① 该“自然博物馆探秘任务单”由卢建萍、戚敏婷、朱丽群设计。

### （三）实践拓展

分小组交流探讨，借助学习工具分享不同的观点，形成较完整的小组成果，比如书面报告、PPT、微课件、画报、展板等。

### （四）实践反思

鼓励学生展示自己和同伴对此次实践活动的理解及在活动中取得的成果，由小组推选成员向同学、老师、家长及评委进行汇报展示，如有 PPT、微课件等素材也可以一并向大家展示。在汇报交流后，组织学生进行评价，以学习小组的整体水平提升为重，以自评和小组内的互评为主，教师评价和家长及社会评价为辅，并将小组的研究材料进行归纳、整理（小组评价单如表 5-2 所示）。

表 5-2 小组评价单

| 评价内容 | 自评 | 互评 | 师评 |
| --- | --- | --- | --- |
| 乐于合作，能和同学交流，尊重他人 | | | |
| 具备独立思考和自主学习的能力，能够主动发现并提出问题，积极寻求解决方案，展现出高度的责任心 | | | |
| 善于倾听同学的发言，并能给出正确的评价 | | | |
| 我的收获： | | | |
| 我还需要努力的是： | | | |

## 四、探究方式

社会里的全域实践主要包含以下三种不同的探究方式：个人自主探究、同伴协作探究和社会支持探究。这三种探究方式可有效地帮助学生获得亲身参与研究探索的体验，极大地培养了学生发现问题和解决问题的能力，并且需要学生在分享与合作中，用严谨认真的态度和科学合理的方式来分析和利用信息，在主动探究的实践过程中增强自身的社会责任心和使命感。

### （一）个人自主探究

给学生充分展示自我的发展空间，为学生充分发挥其主观能动性和创造性提供各种机会，引导学生充分关注人文环境和社会现实，从真实生活中发现需要研究和解决的问题，培养学生独立思考、发现及解决问题的能力，慢慢让学生形成独立意识，如学生利用“探秘任务单”自主发现并解决在“解密科技馆”活动中的各项问题，记录完整的解密过程，并以此作为相互评价的依据，极大地提高了学生主动学习、自主学习的能力。

### （二）同伴协作探究

学生通过与同伴交流彼此的想法来帮助自己构建思想，改善对自己和他人的认知，锻炼自身倾听能力、沟通交流能力，同时可以认识到自己在团队中的角色，从而培养创新能力，如学生以小组合作的形式参观博物馆，组建成临时的“专家小组”，着重探索小组成员感兴趣的主题，组内成员互相交流各自的学习成果，互相填补知识漏洞、巩固重要概念，在不断学习输入、讨论、再输出的过程中积极学习、协作探究。

### （三）社会支持探究

社会里的全域实践离不开社会支持，学生在各种真实场景中体验社会生活，在接受不同于以往学习生活的各种挑战中提升实践能力和创新意识，在了解社会、了解国家、增长才干、无私奉献中培养良好的个人品格，树立正确的价值观，增强社会责任感。而教师、家长以及其他辅助人员在学生学习探究过程中陪伴协助，在适合的时候进行指导，提供物资或是技术支持，给予学生恰当的支持与帮助，如在必要时，成人可带头执行与实施，给学生以示范，并且不断创设时机，放手让学生自主探索。

## 第三节　全域实践的分类与实例

社会里的全域实践按主题进行分类，共可分成四大类，每一类都有可供借鉴的案例，展示了学校实践学习的研究历程、特点、经验和成效，呈现了学校是如何结合各种社会实践活动促进学生个性而全面地成长的。

# 一、全域实践一：鉴·历史

“鉴·历史”力求做到一主题一设计，鼓励学生积极主动参与课程的设计与实践，并对学习行为进行反思和评价。让孩子们了解各主题的人文知识，包括发展历史、特色、规模、功能和类别等基本理论知识；运用已有知识、采用合适的方法积极调查和思考，尝试解决问题；乐于参与群体活动，学会利用小组合作的形式进行项目式学习，并愿意帮助有困难的人，感受活动和伙伴带来的快乐；有博采众长的意识和公共意识，养成静听、静观、静思的观博习惯。我们期待“鉴·历史”实践学习能紧跟时代的脚步，满足时代对教育、对人才培养提出的要求。

## （一）“鉴·历史”实践活动概述

“鉴·历史”是一种社会历史探究活动，从历史文化角度切入，学生通过历史体验、历史探究、历史实践，在特定的历史情境下，以任务驱动的方式进行沉浸式学习，加深对相关历史文化的理解，感悟历史的厚重，传承家国情怀。

**例 5-1　寻队宝**

在开学典礼上，一位同学讲述了他在假期和小队队员们寻访队宝、探究队宝的来历和队宝背后的故事。首先，向日葵小队队长先组织大家开会。在队长爸爸妈妈的帮助下通过电脑查询，向日葵小队明白了“队宝”就是少先队的老物件。接着，他们又继续查找信息与资料，发现 1964 年 6 月 1 日的《浙江日报》中有一则“一九〇”

中队九年来努力学习解放军的新闻。“一九〇”中队，是全国创建最早，持续时间最长的英雄少先队中队。于是，他们决定寻找这张老报纸。孩子们来到图书馆。图书馆正在举办“百年党史”展览。大家一起参观了展览，学习了关于中国共产党的知识，随后一起去了报刊馆。在整个寻找过程中，孩子们倾情投入，终于找到了这张1964年的老报纸。

这项实践学习引导学生从身边的人和事入手，寻找承载着中国共产党人初心使命的老物件，探寻其背后的故事。“队宝”诉说着祖辈、父辈不折不挠的奋斗史，承载着家人对美好生活的向往，凝聚着亲人的成长记忆。它们体现的是一个个家庭的浓浓家风，展示着时代的烙印和国家探寻发展之路的峥嵘岁月。

在这项历史实践学习的过程中，学生综合运用语文、数学、艺术、道德与法治等多学科的知识，搜集、整理身边不同时期的老物件，探究其历史背景，了解各个时期人们在衣、食、住、行、用等方面的生活状况及变化，培养了跨学科思维；同时，他们从身边的生活出发，探寻其中反映的历史。这也拉近了学生的生活与历史之间的距离，提升了他们对历史的认知，发展了历史思维。

“鉴・历史”实践学习应当是积极主动、生动活泼、丰富多样、富有个性的探究性学习。这样的学习定然是开放式的，在尊重学生意见、遵循学习规律的前提下，引导学生学习探究。学生用自己的语言诉说、自己的绘画表现、自己的风格展现、自己的剧目表演，大胆而充分地发挥他们的想象力、表达力、创造力，从而实现学习价值的最大化。

对于小学生来说，“鉴・历史”的实践学习要学什么？首先，学习内容要从地域、学校、学生等实际出发，尽量选用贴近社会生活，贴近学生实际的社会历史素材；其次，教师还要对这些素材内容进行规整分类，引导学生去了解身边的历史场馆、文化街区、人文景观、节庆活动、家乡名人、地标性建筑等；最后，对不同年段提出不同程度的学习要求。低年级的活动比较简单，重在参观、体验。到了中年级，“鉴·历史”的相关知识点中会包含更深层次的体验，有的需要依靠学生以角色扮演、小组汇报等形式来阐述所学习到的社会历史知识。再到高年级，更是需要学生具有尊重多元差异的立场和开放包容的心态，能对所学历史文化现象和观点作出评价与反思。

所以，“鉴·历史”的实践学习最重要的是培养学生的文化理解与传承素养以及审辨思维素养。学生需要理解每一个实践学习项目背后凸显的人文精神，并能理解学习项目所蕴含的人文历史知识，善于思考和分析，追求准确和精细，审慎地、辩证地看待历史问题。因此，“鉴·历史”课程试图回应以下两种核心素养。

其一，文化理解与传承素养，包含文化理解、文化认同和文化践行，是指对文化的认知与理解、继承与扬弃、发展与创新的过程和行为，对个体发展、社会和谐都具有深远意义。

其二，审辨思维素养，包含质疑批判、分析论证、综合生成和反思评估，是一个始于质疑归于反思的循环往复的过程，主动地、经过审慎考虑并利用知识、证据来评估和判断其假设，包括对自己及他人思维的分析和评估，对个体成长和社会发展至关重要。

### （二）“鉴·历史”实践活动设计

根据各年级学生认知水平的差异，“鉴·历史”的学习内容也是从简单到复杂，从认知到探究，从探究到内化，重视学生知识迁移能力的培养。各年级的学习内容分别指向不同的任务和活动。

### 1.“鉴 · 历史”的年级主题

“鉴 · 历史”的年级主题设计贴近学生的实际生活，从一年级的走街串巷开始，到感受未来农村，再到体验中华老字号的魅力，然后完成西湖和钱塘江的毅行、探秘承载杭州历史的博物馆，最后走出杭州，“跟着书本去旅行”。每个年级都结合学生的身心发展特征，设计了贴近主题、形式各异的实践学习活动。表 5–3 列出了一至六年级“鉴 · 历史”的主题及其内涵。

表 5–3 “鉴 · 历史”的年级主题及内涵

| 年级 | 主题 | 主题内涵 |
| --- | --- | --- |
| 一 | 走街串巷烟火味 | 打卡南宋御街、五柳巷、清河坊、小河直街、大马弄、映巷等杭州市井老街<br>实地寻找老物件，感受老街历史的沧桑与变迁 |
| 二 | 遇见未来乡村 | 了解乡村振兴<br>打卡至少一个杭州周边的乡村<br>感受该乡村民俗、农耕、节庆、名人等文化资源，感受人文之美 |
| 三 | 中华老字号 | 了解杭州“中华老字号”是指历史悠久，拥有世代传承的产品、技艺或服务，具有中华民族特色和鲜明的杭州地方文化特征的品牌<br>打卡胡庆余堂中医药馆、刀剪剑博物馆、万事利丝绸博物馆等中华老字号<br>参与各场馆的体验活动，感受老字号的魅力 |
| 四 | 用脚步丈量家乡 | 了解西湖十景、十大古城门等杭州特色景点<br>完成一次西湖毅行、一次钱塘江毅行<br>听史音、寻史迹、悟史情，立体化感受杭州的古今变迁和文化特色 |
| 五 | 探秘博物馆 | 了解博物馆的普及知识<br>打卡德寿宫、国家版本馆、杭帮菜博物馆、南宋官窑博物馆、中国京杭大运河博物馆<br>窥探杭州时代变迁，厚植家国情怀 |
| 六 | 跟着书本去旅行 | 走出杭州，打卡一座历史文化名城<br>寻找历史的遗迹，感受中国文化的厚重与沧桑，体会传承与创新，建立文化自信 |

### 2.“鉴·历史”项目实践学习结构

五年级的“鉴·历史”课程以博物馆为载体。博物馆承载着以“博”促“文”、以“物”聚“博”、传承人类文明、延续历史文脉的伟大使命。它在一定程度上反映了人类社会历史的发展轨迹。博物馆在资源的拥有、知识的呈现，教育的目标、教育的形式等各方面都有其独特性、专业性、直观性、开放性，与学校教育形成良好的互补，这非常有利于培养五年级学生，获取各学科知识，提高历史文化素养，继承历史文化传统，弘扬爱国主义精神。

（1）了解博物馆的基本知识

这部分主要是引导学生对杭州博物馆的历史文脉、文化精华展开学习研究，力求对学生起到良好的文化陶冶、传承的重要作用。通过博物馆的参观礼仪、博物馆藏品价值、杭州的博物馆、博物馆寻访路线、博物馆的功能等具体项目帮助学生了解博物馆的基本知识。

（2）打卡杭州人文历史类博物馆

这部分充分发挥杭州本土博物馆资源的人文优势，引导学生组成博物馆学习研究小组，深入杭州人文历史类博物馆展开真实的研究，注重学生思维整体性的构建和学生知识综合运用能力的培养。这部分通过打卡德寿宫、杭州国家版本馆、杭帮菜博物馆、南宋官窑博物馆、中国刀剪剑博物馆、中国京杭大运河博物馆等来丰富学生的社会实践和体验活动。

（3）窥探杭州时代变迁

博物馆根植于特定的社会与历史情境，它拥有丰富的文物资源，承载着厚重的历史和璀璨的人文。它不仅是当代社会快速变迁的见证与产物，而且还是推动未来机构重组和时代变革的重要力量。我们利用主题场馆项目学习、博物馆小组合作研学、博物馆亲子研学等探秘博物馆的实践学习让学生感受杭州的时代变迁。

### 3. “鉴 · 历史”实践活动

五年级的“鉴 · 历史”课程主要围绕“探秘博物馆”展开，这一主题又由三部分组成，主要是引导学生对杭州博物馆的历史文脉、文化精华展开学习研究。

（1）“杭州国家版本馆”实践学习

“打卡杭州国家版本馆”是“打卡杭州人文历史类博物馆”这一主题下的实践学习活动。杭州国家版本馆是中国国家版本馆总馆异地灾备库、江南特色版本库及华东地区版本资源集聚中心，包括主书房、南书房、文润阁、山体库房、附属用房等共计 13 个单体建筑，设有展示区、保藏区、洞藏区、交流区等区域。截至 2022 年 7 月，杭州国家版本馆收藏有各类版本累计 100 万册（件）。那么，如何在杭州国家版本馆进行实践学习呢？我们主要聚焦传承中华文明、坚定文化自信，旨在帮助学生理解场馆内所蕴含的人文历史知识，并要求学生善于思考和分析，追求准确和精细，对版本馆中的文化现象有自己独特的理解。表 5-4 为“杭州国家版本馆”实践学习操作指南。

表 5-4 “杭州国家版本馆”实践学习操作指南

<table>
<tr><th>建议时间：2 小时</th><th>单元主题：探秘博物馆</th><th>实践活动：打卡杭州国家版本馆</th></tr>
<tr><td colspan="3">学习描述：参观杭州国家版本馆，近距离感受中华文化底蕴，坚定文化自信</td></tr>
<tr><td colspan="2">主要关联素养：文化理解与传承素养</td><td>主要关联学科：语文、科学、美术</td></tr>
<tr><td colspan="3">学习目标：<br>1. 提前了解杭州国家版本馆的特色、规模、功能等基本知识<br>2. 参观杭州国家版本馆，感受宋韵江南园林的建筑风格<br>3. 对感兴趣的藏品进行拍照、记录，并与同伴交流<br>4. 以小组合作的方式在班级内对本次打卡的收获做一次汇报展示<br>5. 能够利用评价量表记录此次实践学习的收获并反思需要改进之处</td></tr>
</table>

**续 表**

材料准备：
教师：探秘足迹卡；评价量表
学生：相机；笔；本子

学习结果表现方式：做一次汇报展示

驱动性问题：
身为杭州人，家门口就有一座国家级的版本馆。这座备受瞩目的国家级版本馆究竟是怎样的？里面有什么？会是怎样的风格呢？

| 实践学习步骤 | 教师支持 |
| --- | --- |
| 一、校内初探<br>进行前期准备，分小组讨论“打卡杭州国家版本馆”。这次实践学习我们会遇到最大的问题是什么？我们可以做哪些调研工作？我们需要合作分工完成哪些任务？可以通过网络、图书和周围的专业人士找到哪些资料？在整个项目结束的时候，我们又可以怎么展示我们的学习成果 | 鼓励学生提出问题，引导学生对想研究的问题进行筛选、梳理，确立研究问题，制定研究清单 |
| 二、实地探索<br>分小组到杭州国家版本馆去搜集与研究问题相关的资料，然后对资料进行分析、整理、综合，实地体验，有序探究，并填写研究单<br>1. 用“探秘任务单”评价学习过程<br>2. 用“探秘足迹卡”记录参观顺序<br>3. 用“探秘一瞬间”记录精彩瞬间 | 提供“探秘任务单”，记录各小组探秘的过程和表现 |
| 三、拓展深究<br>分小组交流探讨，形成较完整的小组成果：将杭州国家版本馆所学到的知识内容及其意义写成书面报告，并制作成 PPT、微课、小册子、展板等汇报材料 | 根据学生的记录，在学生拓展探究的过程中介入指导，以提高其汇报的质量 |
| 四、汇报交流<br>由小组推选人员向全班同学、指导老师、受邀家长及特邀的博物馆工作人员进行汇报展示。如有展板、小册子等成品材料也可在此时摆放 | 帮助一起布置展板，做好服务支持 |

续 表

| 实践学习评价 | | | |
|---|---|---|---|
| **评价内容** | **自评** | **互评** | **师评** |
| 乐于合作，能和同学交流，尊重他人 | | | |
| 具备独立思考与自主学习的能力，能够敏锐地发现问题，勇于质疑，并积极主动地寻求解决方案 | | | |
| 善于倾听同学的发言，并能给出正确的评价 | | | |
| 我的收获： | | | |
| 我还需要努力的是： | | | |
| 《我的实践学习》成长档案材料收集：<br>1. 探秘任务单<br>2. 探秘足迹卡<br>3. 探秘一瞬间<br>4. 评价量表<br>5. 奖状<br>6. 汇报材料 | | | |

（2）“中国京杭大运河博物馆”实践学习

“中国京杭大运河博物馆”是国内第一座以运河文化为主题的大型专题博物馆，坐落于杭州市城北运河文化广场，毗邻大运河南端标志——拱宸桥。博物馆建筑面积10700平方米，展览面积5000余平方米。建筑呈扇形环绕运河文化广场，造型独特，“传统而不复古”。展厅以“运河推动历史，运河改变生活”为陈列主题，分序厅、“大运河的开凿与变迁”“大运河的利用”“大运河浙江段申遗展示厅”和“运河文化”五个展厅，是集展现运河特性、收藏运河文物、研究运河文化、展示申遗成果等多种功能于一体的综合性运河历史文化中心。

在实践学习中，学生需要通过参观博物馆，了解运河文化，聚焦“运河如何推动历史”与“运河如何改变生活”这两个主题。这两个研究主题主要考查的是学生探究技能中的观察、记录和推理能力，同时也发展学生的审辨思维素养。“中国京杭大运河博物馆”实践学习操作指南如表 5–5 所示。

表 5–5 “中国京杭大运河博物馆”实践学习操作指南

| **建议时间：2 小时** | **单元主题：探秘博物馆** | **实践活动：中国京杭大运河博物馆** |
|---|---|---|
| 学习描述：参观中国京杭大运河博物馆，完成研究报告 | | |
| 主要关联素养：文化理解与传承素养；审辨思维素养 | | 主要关联学科：语文、科学、数学、美术 |
| 学习目标：<br>1. 实地感受京杭大运河的生生不息<br>2. 了解京杭大运河的相关知识<br>3. 了解中国京杭大运河博物馆的陈列主题、几大展厅等基本知识<br>4. 以小组合作的方式做一次成果展示<br>5. 能够利用评价量表评价自己和他人 | | |
| 材料准备：<br>教师：探秘足迹卡；评价量表<br>学生：相机；笔；本子 | | |
| 学习结果表现方式：汇报展示 | | |
| 驱动性问题：<br>京杭大运河的开凿目的是为战争做准备，那它的开凿还有意义吗? | | |

| **实践学习步骤** | **教师支持** |
|---|---|
| 一、前期探访<br>提前一周和父母坐水上巴士 1 号线至拱宸桥，可选择濮家站、武林门站等站点乘坐，沿途欣赏运河两岸的风光，并探访拱宸桥附近的桥西历史文化街区，感受大运河生生不息的文化 | 鼓励学生设计好与父母游玩的路线 |
| 二、制定计划<br>分小组初步讨论从哪个方面入手研究，以回应驱动性问题，制定中国京杭大运河博物馆实践学习计划 | 教师参与各组学生的讨论，随机指导学生设计学习流程 |

续 表

| | |
|---|---|
| 三、有序探究<br>小组有序参观馆内藏品、展陈，通过多种沉浸体验，在活动中了解历史，感受大运河的文化之美<br>1. 用“探秘任务单”评价学习过程<br>2. 用“探秘足迹卡”记录参观顺序<br>3. 用“探秘一瞬间”记录精彩瞬间 | 记录各小组参观的过程和表现 |
| 四、完成报告<br>每个小组根据博物馆探究到的素材以及查找到的资料，在规定时间内完成研究报告 | 依据学生的完成情况，在学生撰写的过程中进行指导，及时提供帮助 |
| 五、班级展示<br>由小组推选人员进行汇报展示，每个学生撰写的研究报告用张贴、陈列的方式进行班级展示。全班同学参观，并评选出“研究小达人” | 在学生参观的过程中，引导学生仔细研读报告并评选出研究小达人；帮助学生一起布置陈列、展览，做好服务支持 |

**实践学习评价**

| 评价素养 | 评价项目 | 评价指标 | | |
|---|---|---|---|---|
| | | ★★★ | ★★ | ★ |
| 文化理解与传承素养 | 我会思考 | 了解京杭大运河的历史及精神；弘扬优秀传统文化；能用语言、表演、汇报等形式反映探访成果 | 基本了解京杭大运河的知识，有民族自尊、自信的情感，热爱中国传统文化，能参与表演、表达 | 知道京杭大运河，能为传播运河文化做出一点贡献 |
| 沟通素养 | 我会参与 | 积极参与讨论与交流 | 能参与讨论与交流 | 较少参与 |
| 合作素养 | 我会合作 | 能在团队中与队员良好沟通合作，有较强的领导力，能给出建议，在组内贡献较大 | 能做好协助工作，推动小组学习任务的完成，在组内有一定贡献 | 有参与讨论、协作，但是发挥作用不大 |
| 审辩思维素养 | 我会探究 | 有强烈的求知欲，不断提出与学习有关的问题，并通过努力解决问题 | 能提出与主题有关的问题，在遇到困难时能与同伴讨论并寻求解决方案 | 能提出问题，但是不能对问题做进一步思考 |

续 表

| 创新素养 | 我会创新 | 有明显的创新意识，观点具有合理性 | 学习中有一定的创新意识 | 在学习中开始培养创新意识 |
|---|---|---|---|---|

《我的实践学习》成长档案材料收集：
1. 探秘任务单
2. 探秘足迹卡
3. 探秘一瞬间
4. 评价量表
5. 奖状
6. 研究报告

## （三）“鉴·历史”实践活动实施

“鉴·历史”的单元是教师带领学生进行社会实践，注重学生思维整体性的构建和学生综合运用知识的能力的培养。学生在实践过程中发现问题、探究问题进而获得知识。学生在真实的社会情境中实践内化知识，学习社会隐性经验，促进德智体美劳五育共发展。

### 1. 实践学习中的教师：任务主导，让教学映照真实情境

通过学习任务引导学生立足生活实际，联系跨学科跨领域的相关知识，用具体可感的活动来探究问题是为了让学生更好地回归到日常生活中。

每一次的实践学习，教师都会鼓励学生提出自己的问题，然后设计学习计划来解决问题。这些问题并不是教师提前预设好让学生来研究的，而是学生自己从生活中发现的问题。“鉴·历史”单元通过激发学生的学习兴趣，变革学生的学习方式，教师将传统的走访活动迭代升级成实践学习课程，并进行整体设计，让学生去探索发现。

## 例 5-2　年味的变迁

2022 年 12 月，由于新冠疫情的影响，为了统筹做好校园疫情防控与学校教育教学工作，全力保障师生生命安全和身心健康，杭州市中小学于 12 月 23 日开始放寒假。这个超长寒假，如何安排学生的学习和生活，成了老师们思考的问题。据调查，孩子们有的回了老家，有的跟着父母去旅行，有的留在了杭州。有孩子给老师留言："老师，今年我终于可以回老家过年啦！我的老家在农村，过年我最开心的就是放烟花爆竹。"有的孩子附议："老师，爸爸妈妈都在上班，把我送去诸暨外婆家住一段时间。外婆家每年过年前都要做年糕，可好玩了……"老师收到了不少这样的互动留言，于是就设计了一项特殊的"寒假作业"——年味的变迁。

留在杭州的孩子小果，打算去德寿宫寻找年味。他在那儿参加了祈福打卡、研学教育、工坊体验、文创发布等系列迎新活动，并在参观之余寻兔踪领福卡、研学宋兔知识、合影打卡留念、体验宋韵美学等，感受德寿宫的独特新意和文化价值。除此之外，他还来到了附近的大马弄，感受年末杭州最繁忙的"马路菜场"。弄堂边，老奶奶的杭帮菜、蒋师傅的酥鱼、张师傅的羊肉、阿甘的黑鱼片，福建笋干、仓前羊肉、诸暨年糕、龙游发糕、义乌冻米糖、临安山核桃……时鲜蔬菜，南北干货，再加山珍海味，应有尽有。小果和爸爸妈妈采购了很多年货。他感叹道："今年春节跟着父母采购年货、体验德寿宫年俗、观看吴山庙会、观赏元宵灯会，真正感受了一把人间烟火，体会到了浓浓的新年氛围，度过了一个不一样的兔年新春。"

这是基于学生的现实生活引发的实践学习，从生活出发又回归生活，学生在学习中可能会发现更多有价值的问题，并尝试自己去解决。围绕“年味”展开的实践学习提高了学生对现实生活问题的敏感度和参与度，让教学映照了真实情境。

### 2. 实践学习中的学生：知行合一，让体验渗透生活百态

利用校外资源构建的实践课程可以引导学生通过实践探索寻求解决方案。课程的学习，不着急将知识点灌输给学生，而是让他们先经历认知经验、经历探索的过程，突出学生能力的培养，促进其思维的发展，让孩子们在实践探索中关注社会、理解社会，增强他们的社会责任意识。

**例 5–3　东站印象**

杭州东站曾是杭州的“九省通衢”之地，如今虽已搬迁，但是“东站”这一称呼已经成为杭州城东的代名词，更是杭州城市东扩和发展的缩影。东站于我们学校的孩子而言，是孕育成长的摇篮，是学习知识、强健体魄、培养人格的沃土。学校邀请了东站老居民来到现场，看图说话，为孩子们讲述东站的昨天；在家里，孩子们听爷爷奶奶讲老东站的老故事，翻开家庭老相册，查找自己的老家的样貌；双休日，小队寻访的脚步踏遍了整个东站。通过访谈、查阅、拍照等方法，让东站的昨天、今天留下痕迹。

这一类整合校外资源的实践课程，注重学生思维整体性的构建及培养他们综合运用知识的能力，提高了学生的鉴赏能力、表现力、交往能力和解决问题的能力。

### 3. 实践学习中的家长：家校联动，让陪伴成就美好未来

为了让实践课程的学习更具效果，我们鼓励每一个家庭都积极参与其中。家庭教育具有不可缺失的教育功能，在设计需要家校联动的实践学习时，学校可以提供必要的支持，鼓励家长和孩子共同参与，充分调动每一个家庭的积极性，形成促进孩子健康成长的合力。

**例 5-4 “走街串巷烟火味”**

“走街串巷烟火味”每一期引导学生针对一个主题开展实践寻访。如“红色队宝”“生活记忆”等。随着时代的进步，录音机、影碟机、打字机、缝纫机……这些老物件已经退出了寻常百姓家。在中国少年先锋队建队 73 周年之际，学校发出了老物件征集令。学生在和长辈一起寻找的过程中，聆听这些老物件的故事，亲身体验和使用，见证时代的变迁。每一个老物件都是一个时代的缩影，如同一本本教科书，让学生从中汲取智慧和力量，感受如今的幸福生活。

表 5-6 是家长对孩子的学习进行评分的依据。家长的参与，让他们了解了学校的教育教学，给孩子提供了学习支持，丰富了孩子的学习资源，他们协助孩子完成了实践学习。

表 5-6 评分标准

| 评价说明 | 评价标准 | | |
|---|---|---|---|
| 此表由家长根据学生的学习情况进行评价，最高 5★ | 是否能主动与家人开展合作学习 | 是否能专注地开展调查、访谈等学习活动 | 是否能用照片、文字、视频等形式展示本次学习成果 |
| | ☆☆☆☆☆ | ☆☆☆☆☆ | ☆☆☆☆☆ |

家长陪伴下的实践学习，既可以增进亲子间的情感，又可以培养学生沟通合作能力，还能让孩子在实践中学习各种技能和方法，教会孩子遇到问题学会思考，在实践中学会独立，体会生活的酸甜苦辣，形成健全的人格。

## 二、全域实践二：行·生活

生活实践以生活环境为抓手，重视与学生的自然生活、社会生活连接，通过实施项目活动、多元化兴趣活动等，尊重小学生的兴趣和需要，支持学生在行动中丰富经验，获得发展。同时，还强调在实践过程中学生和老师共学共生，在互动对话、平等协商的基础上共同成长。

### （一）“行·生活”实践活动概述

“行·生活”是一种社会生活探究活动，将综合实践活动和日常生活充分结合到一起。学生通过自身的实际操作完成各种任务。在这个过程中，学生可以更加全面和透彻地感悟生活、体验生活，感受到解决各种问题后的成就感。

**例 5–5　过年送福**

贴福字是传统年俗。每逢新春佳节，家家户户都要在屋门上、墙壁上、门楣上贴上大大小小的“福”字。春节贴“福”字，是民间由来已久的风俗。“福”字现在的解释是“幸福”，而在过去则指“福气”“福运”。春节贴“福”字，无论是现在还是过去，都寄托了人们对幸福生活的向往，也是对美好未来的祝愿。在春节来临之时，学校召集学生亲自写福，并将福字送给社区的老年居民。学生在送福的过程中，丰富了文化生活，在彰显传统文化的同时提升了自我综合素质。

该活动讲述了学生亲手写福字，并一起为小区老人送新年祝福的情景。通过活动让学生们体会到要关心爱护身边的老人，学生在给予别人快乐的同时也把快乐给予了自己。

学生从生活中的“春节”入手，发挥自己的书法特色，书写具有浓郁年味的“福”字和春联，并将这一副副寓意着吉祥和祝福的“福”字送到了小区老年居民手中。学生用自己的行动，继承和发扬了中国传统文化，传承了中华民族“尊老、敬老、爱老”的传统美德，同时用喜庆的祝福方式营造了祥和喜庆的新年气氛。

在这项生活实践过程中，学生收集、了解了春节的由来，探究了“福”字和春联背后的故事，从生活着手进一步感受到了中国传统节日和文化活动的特点。同时，学生在书写、创造“福”字过程中培养了观察力、联想力和思考力，弘扬了中华艺术文化。他们立足生活实践，不仅深化了对文化的理解，而且提高了个人的综合素质。

生活含有教育的意义，教育以生活为中心，“行·生活”实践学习不再单纯地以书本知识为教育内容，而是密切联系学生的现实生活、生活经验、生活环境，关注引导学生进行实践，引导学生发现实践问题解决实践问题，引导学生在真实的活动探究中得到发展、创造与提升。

对于小学生来说，“行·生活”的实践学习要学哪些？首先，学生生活的场所和环境不只有学校，还有人类社会和自然界。而是要让学生在人类社会和自然界的空间环境中学习并提高自己的各项能力。其次，生活与课堂是相互关联的，教师需对有关教学素材进行整理，让教学融入生活。最后，可以针对小学生在社会上角色单一的情况结合职业体验让不同年级的学生以生活为中心、为途径、为目的，在学习中生活，也在生活中学习。

所以，“行·生活”实践学习最重要的是解放学生的眼睛、解放学生的双手、解放学生的头脑、解放学生的时间、解放学生的空间。学生在实践学习中培养个体综合素质，在活动探究中得到发展、创造与提升。

## （二）“行·生活”实践活动设计

根据不同年级学生认知水平的差异性，“行·生活”的学习内容呈现出渐进式的特点，从基础知识的简单介绍逐步过渡到复杂概念的深入探究，进而实现知识的内化与应用。各年级的学习内容分别指向不同的任务和活动。

### 1.“行·生活”的年级主题

“行·生活”的年级主题设计贴近学生的实际生活，从一年级“Do 都城”初步感受职业体验开始，到深入了解牙医职业，再到走入工厂现场体会，最后学军学农强化身心。为契合各年级学生的身心发展特征，我们精心策划了形式多样的实践学习活动。

表 5-7 为一至六年级“行·生活”的主题及其内涵。

表 5-7 “行·生活”的年级主题及内涵

| 年级 | 主题 | 主题内涵 |
| --- | --- | --- |
| 一 | 缤纷童年，七彩人生 | 了解在具体生活中常见的职业，如交警、快递员、厨师等，并观察该从业者的工作内容；<br>打卡 Do 都城三个以上场馆；<br>引导孩子认识职业，切身体会每种职业的职业形象和职业素养要求 |

续 表

| 年级 | 主题 | 主题内涵 |
| --- | --- | --- |
| 二 | 呵护童心，健康成长 | 了解牙齿的相关知识；<br>打卡杭州绿城口腔医院等口腔医院；<br>引导孩子认识自我，培养良好的卫生习惯，爱护身体 |
| 三、四 | 童心依旧，勇于探索 | 了解可口可乐的“前世今生”；<br>打卡可口可乐公司工厂；<br>引导孩子认识社会，培养责任意识与担当精神 |
| 五、六 | 少年磨砺，筑梦未来 | 身着军装，整理内务，学习技能；<br>学农之旅，上山巡游、了解农作和体验农事；<br>打卡杭州（国际）青少年洞桥营地；<br>体验集体生活、体会团队合作，在劳动中锻炼意志，磨炼品质，进一步热爱生活 |

2.“行·生活”项目实践学习结构

一年级的“行·生活”实践以“Do 都城”为载体，以职业体验为载体，将学科知识测评与社会实践相结合，考查孩子综合能力水平的同时，也让孩子们对城市生活中各种社会角色的职责有了更加直观而深刻的理解。一年级学生在玩中学知识，在实际生活中长本领，学会工作、学会生活、学会生存，完善品格塑造，并提高社会生活化程度。

（1）了解职业的相关知识

这部分主要是引导学生对各行各业的相关内容展开学习研究，帮助学生进一步了解自己、了解生活，是学生理解各职业的开端。通过认识爸爸妈妈的职业、职业相关的名词、职业相关的语言和手势、了解生活中常见的职业、观察身边从业者的工作内容等具体项目来帮助学生了解职业相关知识。

（2）打卡“Do 都城”职业场馆

该部分根据学生的需求来开展，学生可以自主选择感兴趣的职业开展个性化体验、小组合作学习，从而确立职业主题，选择体验场馆。在活动中强化语文、数学、艺术、道德等与职业的内在融合，培养学生各种能力。这部分通过打卡建筑工地、创意工坊、中国邮政、可口可乐制作工坊、电视台等场馆丰富学生的社会实践和帮助学生体验各种活动。

（3）探究职业，体验生活

依托“Do 都城”场馆特色，以“体验教育＋认知创意”的模式，让学生了解社会中各行各业的运行规则，激发其自我意识与社会性发展，提升他们的社会认知水平与生活能力。

### 3.“行·生活”实践活动

一年级的“行·生活”课程主要围绕“Do 都城”展开，这一主题又由三部分组成，主要是引导学生对各行各业的相关内容展开学习研究，帮助他们进一步了解自己、了解生活。

（1）“未来导游家”实践学习

“未来导游家”是“Do 都城”职业体验这一主题下的实践学习活动。未来导游家项目主题模块指向的职业体验岗位为导游员，主要体验导游职业岗位包括游客接待、导游词撰写、景点讲解以及突发事故处理等典型工作任务，从岗位认知、岗位体验以及岗位体悟三个层面学习相关旅游职业知识技能与态度，融合语文、科学、美术等学科知识，以跨学科的方式，体验导游员职业成长经历、积累社会生活经验，要求学生善于思考和分析，追求准确和精细，对导游家有自己独特的理解，实现职业启蒙并树立正确的劳动观念。表 5-8 为“未来导游家”实践学习操作指南。

表 5-8 “未来导游家”实践学习操作指南

| 建议时间：4 小时 | 单元主题：未来导游家 | 实践活动：“Do都城”场馆 |
|---|---|---|
| 学习描述：参观“Do 都城”电视台等场馆，体验导游家职业，启发职业兴趣，感受杭州景观，增加对生活和家乡的热爱 | | |
| 主要关联素养：文化理解与传承素养；沟通素养 | 主要关联学科：语文、科学、美术 | |
| 学习目标：<br>1. 根据职业情景，提前了解导游员的工作环境与内容<br>2. 知道导游的职业知识和技能与学科知识的关系，了解杭州景观，知道杭州西湖文化，增强学生的学习动力，启发其职业兴趣<br>3. 参观“Do 都城”电视台等场馆，创设情景，模拟导游员职业岗位体验，体悟导游员职业价值<br>4. 对活动过程进行拍照、记录，并与同伴交流<br>5. 以小组合作的方式在班级内对本次活动的收获做一次汇报展示<br>6. 通过评价量表，对本次实践学习的成果进行记录，并深入反思需要改进之处，以持续提升自我 | | |
| 材料准备：<br>教师：记录单；评价量表<br>学生：PPT；笔；本子 | | |
| 学习结果表现方式：做一次汇报展示 | | |
| 驱动性问题：<br>身为杭州人，西湖、西溪等景色中外闻名。作为一名导游我们究竟要怎么介绍这些景色？要准备哪些资料？需要注意什么呢？ | | |
| **实践学习步骤** | **教师支持** | |
| 一、前期探究——职业认知<br>进行前期准备，分小组讨论作为“未来导游家”要准备什么？注意事项和相关礼仪知识有什么？哪些资料可以从网上获取，哪些资料需要实地调研？小组之间如何分配安排工作？在整个项目结束的时候，如何展示研究成果 | 引导学生进行头脑风暴：思考如何成为一名优秀的导游。鼓励学生分析问题，列出待解决问题清单，想出不同的解决方案。教师根据学生梳理的问题，把评价表前置，让学生明确评价标准 | |

**续　表**

| | |
|---|---|
| 二、实地探索——职业体验<br>分小组去“Do 都城”电视台等场馆体验导游职业，然后对该职业进行分析、反思、总结、改进，有序探究，填写研究单<br>1. 小小解说家，体验并完成景点讲解，了解景点讲解所需的知识、技巧，获得对导游员的全面认知<br>2. 小小写词家，撰写导游词，将景区文化知识与语文、科学、美术等学科知识相融合，激发学习兴趣，培养职业兴趣<br>3. 小小急救员，体验突发事故处理任务，积累社会生活经验，激发对生活的兴趣，唤醒职业意识 | 记录各小组探秘的过程，关注每个小组的表现，及时解决学生遇到的问题，并进行正确的引导；<br>引导学生对活动进行分析、总结和改进 |
| 三、拓展探究——职业体悟<br>为确保每位成员充分参与并深入理解“未来导游家”的学习内容及其重要性，采用合作探究的方式，将职业体悟整理成书面报告，并精心制作多样的汇报材料，以便更全面、直观地展示学习成果 | 根据学生的记录，重点关注学生的表达和学习是否充分，是否科学合理 |
| 四、汇报交流<br>经过小组讨论，选出汇报展示的代表，并在全班同学、指导老师、受邀家长以及特邀的导游专业人员面前进行展示。如有展板、小册子等成品材料也可在此时摆放 | 帮助一起布置展板，做好服务支持 |

**实践学习评价**

| 评价项目 | | 自我评价 | 同伴评价 | 教师评价 |
|---|---|---|---|---|
| 1. 能主动组织和参与活动，表现积极，与团队成员友好配合，互相帮助 | | | | |
| 2. 能独立思考、自主学习、主动发现问题、提出问题、寻求解决问题的方法 | 线上、线下收集资料，了解导游职业 | | | |

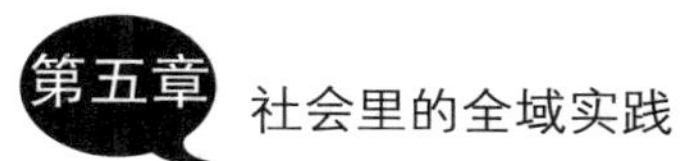


续　表

| | | | | |
|---|---|---|---|---|
| 2. 能独立思考、自主学习、主动发现问题、提出问题、寻求解决问题的方法 | 模拟体验导游职业，介绍杭州景色 | | | |
| | 撰写导游词，融入景区文化 | | | |
| | 体验突发事故，合理解决问题 | | | |
| | 整理、分析资料，制作成品 | | | |
| 3. 成品精美、制作认真，内容富有创意 | | | | |
| 4. 小队汇报交流时，声音响亮，有自己的认识与思考，呈现效果好 | | | | |
| 5. 善于倾听同学的发言，并能给出正确的评价 | | | | |

我的收获：

不足和需要改进的地方：

《我的实践学习》成长档案材料收集：

1. 导游体验单
2. 撰写导游词
3. 导游突发事故处置单
4. 奖状
5. 汇报材料

（2）“我是美食小主厨”实践学习

“我是美食小主厨”项目主题模块指向的职业体验岗位为厨师。该项目主要分为两大块内容：地方美食和特色点心与甜品。学生根据职业情境，感知中西餐厨师的工作环境与工作内容，了解中西文化差异，体悟服务行业的职业态度与工匠精神及创新意识，从而激发其对中外美食文化与美好生活的热爱，分享交流中西餐厨师的职业价值与意义。这两个研究主题主要考查的是学生探究技能中的观察、对比和分析，同时也发展学生的创新素养和合作素养。表 5–9 为“我是美食小主厨”实践学习操作指南。

表 5–9 “我是美食小主厨”实践学习操作指南

<table>
<tr><td>建议时间：4 小时</td><td>单元主题：我是美食小主厨</td><td>实践活动：“Do都城”场馆</td></tr>
<tr><td colspan="3">学习描述：参观“Do 都城”面包店、料理店等场馆，体验厨师职业，感受中西美食文化，激发学生对中外美食文化与美好生活的热爱</td></tr>
<tr><td colspan="2">主要关联素养：文化理解与传承素养；创新素养；合作素养</td><td>主要关联学科：语文、科学、数学、美术</td></tr>
<tr><td colspan="3">学习目标：<br>1. 根据职业情景，感知中西餐厨师的工作环境与工作内容<br>2. 了解地方美食和西点的特点与饮食文化<br>3. 参观“Do 都城”面包店、料理店等场馆，体验中西美食的制作技巧，制作创意美食，探索美食的趣味<br>4. 分享交流活动过程，并拍照、记录<br>5. 以小组合作的方式做一次成果展示<br>6. 能够利用评价量表评价自己和他人</td></tr>
<tr><td colspan="3">材料准备：<br>教师：记录单；评价量表<br>学生：相机；笔；本子</td></tr>
<tr><td colspan="3">学习结果表现方式：汇报展示</td></tr>
<tr><td colspan="3">驱动性问题：<br>如何成为一个中西美食家？中西文化有什么区别</td></tr>
<tr><td colspan="2">实践学习步骤</td><td>教师支持</td></tr>
<tr><td colspan="2">一、前期调研<br>提前了解中餐厨师和西点烘焙师的工作环境和工作氛围。并线上和线下相结合，探索杭州地方美食文化西湖醋鱼、龙井虾仁等，以及西点文化面包和曲奇等，感受美食文化的魅力</td><td>引导学生阅读杭州美食文化和西方西点文化的相关资料</td></tr>
</table>

续 表

| | |
|---|---|
| 二、制定计划<br>分小组初步讨论从哪个方面入手研究，以回应驱动性问题，制定“我是美食小主厨”的可行性方案 | 引导学生头脑风暴，开阔学生的思维，关注每个小组的表现，及时解决学生的问题，进行正确的引导 |
| 三、实施体验<br>小组打卡“Do 都城”面包店、料理店等场馆<br>体验厨师职业，制作杭州地方美食和西点甜品，探索制作美食的趣味，体会美食文化魅力<br>1. 体验美食制作程序<br>2. 创作创意美食<br>3. 分析交流中西厨师职业的价值和趣味 | 引导学生对活动进行分析、总结和改进 |
| 四、完成报告<br>每个小组体验中西厨师的素材和资料要在规定时间内完成成果报告 | 对学生的记录进行细致分析，着重关注学生的表达和学习是否充分，以及其过程和结果是否符合科学合理的标准 |
| 五、班级展示<br>由小组推选人员进行汇报展示，对这个项目进行回顾和总结。完成后将成果张贴在教室的展示区域，供全班同学参观，并评选出“美食创意小主厨”。学生事后回顾整个项目学习过程，对自己的学习行为作出合理评价 | 给予学生足够的准备时间，让学生评价选出“美食创意小主厨”，并鼓励小组所有成员改进并补充，激励其他小组积极有效地参与 |

**实践学习评价**

| 评价素养 | 评价项目 | 评价指标 | | |
|---|---|---|---|---|
| | | ★★★ | ★★ | ★ |
| 文化理解与传承素养 | 我会思考 | 了解中西美食文化精神；弘扬中西美食文化；逻辑线明确，用得体的方式展示成果 | 基本了解中西美食文化精神；弘扬中西美食文化；能流畅表达，使用正式的语言展示成果 | 知道中西美食文化精神；弘扬中西美食文化；描述缺乏一定逻辑性，展示成果效果较弱 |
| 沟通素养 | 我会参与 | 小组成员之间能进行良好的交流，且能认真对待他人的建议，有选择地接受 | 小组成员之间能进行良好的交流，但缺少对他人意见的倾听与思考 | 成员之间缺少沟通 |

续　表

| | | | | |
|---|---|---|---|---|
| 合作素养 | 我会合作 | 小组有分工，且分工明确，人人都能完成自己的任务 | 小组有分工，但分工不够明确，个别组员不知道自己的任务 | 小组分工不明确，只有一两名成员在做事情 |
| 审辩思维素养 | 我会探究 | 有强烈的求知欲，头脑灵活点子多，活动中能提出有用的方法和建议 | 能提出与主题有关的问题，能和组员共同探究、提出有用的方法和建议 | 能提出问题，但是不能采取合理的方法解决问题 |
| 创新素养 | 我会创新 | 有明显的创新意识，美食制作有独创性 | 在现有的美食的基础上稍加修改和创新 | 直接制作现有美食，无个人创意 |

《我的实践学习》成长档案材料收集：

1. 中西厨师体验单
2. 中式美食制作
3. 西式美食创作
4. 评价量表
5. 奖状
6. 研究报告

## （三）“行·生活”实践活动实施

“行·生活”的含义就是要坚持以生活为基础，在生活中提升自我综合素养，并将其实践成果运用到生活之中去。该实践学习要和学生的日常生活紧密结合，关注学生的体验感受，让学生从生活中获取经验，从而提升个体的素质，促进其德智体美劳五育共发展。

### 1. 实践学习理念：源于实际生活，映照真实情境

实践学习的过程是在学生日常生活中进行的，更是蕴含于学生的价值观和追求当中。身为教师要尽可能去开发学生生活中的资源，根据学生的生活

不断地变化、调整项目活动方案，这样才能使得该实践活动更加贴合生活实际，也更容易被学生所理解和接受。

**例 5-6　致敬抗疫英雄**

新型冠状病毒，给大家生活带来了很多危害。在我们的生活中，有一群白衣天使一直保护着大家，他们坚守在抗击疫情的最前线；在空旷的马路上，有一群忙碌奔波的人，那就是外卖员，他们确保不方便外出的家庭也能物资充足；民警同志，也奋战在一线，挨家挨户排查；不少老师也在为停课不停学做网络教学或教学准备……他们都为疫情的控制做出了巨大贡献。

针对以上情景，孩子们以小组合作和自主探究的形式，主动探究并提出以下问题：

（1）如何了解各个岗位工作者当下的工作情况？

（2）如何了解他们的专业付出和职业奉献？

（3）各行各业如何为战胜疫情提供支持？

直观性是指生活中的我们是具体的、感性的、现实的，受到的教育影响就是当下即时的，从而激发学生对疫情实践学习的积极性和适应性。基础性是指生活中的教育是科学世界教育的基础和前提，映照了真实情境。

### 2. 实践学习目标：符合学生实际，发挥学生个性

实践学习目标的制定要符合孩子的发展需求。小学时期的孩子正处在一个身心快速发展的阶段，需要特别关注。但每个学生都是独立的人，有着独立的需求的人。所以，在实践学习中学生的独立自主性的培养就显得尤为重要，要重点培养学生的自主程度和创造能力，发挥学生个性。

### 例 5–7　宋韵主题实践

新宋韵文化，作为中华优秀传统文化不可或缺的组成部分，其独特的魅力体现了中国文化的深厚底蕴与鲜明特色。宋代以其独特的文化和活力被誉为“东方的文艺复兴时期”，宋人“风雅处处是平常”的生活方式和隽永深沉的生活美学对后世产生了深远的影响。而作为孕育南宋文化土壤的杭州，也被南宋文化基因赋予了文化自信的底气。学校安排一年级的学生在青少年活动中心“Do 都城”设计“宋韵游艺新挑战，千古传‘宋’向未来”主题活动。活动主要有以下五个部分。

（1）飞花雅令园：通过飞花令游戏，学生对中国诗词文化有更多的了解，积累了更多优秀的诗词语言，感受了深厚的宋韵文化。

（2）郊外竞技场：通过体验投壶、蹴鞠和捶丸这些项目，引导学生在体验古代的体育项目的同时学会与同伴合作，讲文明重礼仪。

（3）御街集市摊：通过百货店购物活动，进一步认识各种面值的人民币，解决购物中的实际问题，体会人民币在商品交换中的重要作用，感受其在生活中的重要价值。

（4）宋都手作坊：小组合作讨论动手设计汉服，学习汉服知识和礼仪，身穿汉服进行汉服走秀，培养学生创新意识，结合宋韵主题，给予学生展示自我的舞台。

（5）悠扬清乐馆：给予学生展示自我的舞台，身穿汉服，衣袂飘飘，增强学生对宋代传统服饰的表现能力以及自信心。

这类实践课程根据学生的需求出发，结合小学低段学生的需求，特别关注对学生文明礼仪、自信表达的培养。同时该实践活动还注重对学生创意能力的培养，让学生以小组合作讨论的方式设计汉服并展示，发挥学生个性。

### 3. 实践学习环境：联合三方力量，营造文化氛围

学生的生活区域主要就是指学校、家庭和社区，这三者是学生实践学习的重要场所。优秀的生活环境可以给实践学习提供良好的基础，提高学生的吸收接纳程度。所以，学校要积极联系家庭和社区，为学生共同创造一个良好的生活场所。

**例 5–8 “小红车”救助计划**

“小红车”自入驻城市大街小巷以来，为人们的日常生活和工作带来了诸多便利，但同时也映射出了乱停乱放、故意损坏等许多不文明现象。由学校、家长和社区联合，组织学生开展“‘小红车’救助计划”项目。分组进行“救助”，寻找周边需要救助的“小红车”，看见摔倒的“小红车”就把它扶起来，看见“残疾”的“小红车”就及时给他叫“救护车”。同时学生还给“小红车”全身进行了擦拭、消毒，灰扑扑的“小红车”焕然一新。在提升自我综合素质的同时，扶起了整个城市的道德与文明。

家庭是学生发展的一个重要场所，家长的个人素质也会影响到孩子，在家长的协同下实践学习能更好地帮助学生树立正确的三观。小学生智力和心理发展都还不够完善，日常生活容易受到社区环境的影响。社区和学校应保持一定的联系，有效净化社区的生活环境，为学生的成长提供一个良好的氛围。

## 三、全域实践三：研·科学

生活中种种神奇的事情都是科学的来源，而科学又是对生活现象合理的解释，要想带领学生从课堂走向课外，就需要带领学生走入社会，走进生活。“研·科学”力求把社会生活与科学活动进行有机融合，让学生在科学中探寻生活的踪迹，注重以学生为中心开展科学实践活动，激发学生自主学习的积极性，为学生的可持续学习打下坚实的基础，只有基础层面得到强化，才真正有助于学生的良好发展。

### （一）“研·科学”实践活动概述

“研·科学”是以学生为中心，以学习科学知识为主要内容所开展的研究型学习活动。学校为学生提供充分的社会实践时间和空间，促使学生不断探索和研究科学知识，密切学生和社会生活之间的联系，推进学生对自然、社会及个体之间内在联系的整体认识，进一步提升创新意识和实践能力。

**例 5–9　春游中的“遇见”**

一路上，同学们欣赏着植物园的景色，一边走一边与同伴谈论着自己的发现。大家与大自然亲密接触，与小花小草合影，发现了许多春的足迹。羊踯躅、路易斯安娜鸢尾、金银莲花等，同学们对这些珍贵的植物做了细致的观察。最令小然同学印象深刻的是玉泉观鱼。玉泉长约 12 米、宽 9 米，无泉眼，泉水自池底渗出，养鱼百余尾，鱼长数尺，重数十斤，特别是池中的大锦鲤，小然看得目不转晴，他兴奋不已。

这是同学们在植物园进行春游时的场景。我们可以从学生参观植物园时的激动状态看出学生对于自然的情感是不言而喻的，在这样亲近自然的环境中开展各项实践研究活动可谓水到渠成，也能更好地激发学生保护自然的热情。

以春游为契机，在植物园内开展探究式的社会实践学习，引导学生自主观察、思考和讨论，在真实环境中学习，激发他们对自然的好奇和探究欲望。学生经历科学探究的全过程，通过各种途径掌握基本的植物知识，并能利用科学的方法理解身边的自然现象。

在这项实践中，学生需要在小组合作中分工协作完成各项科学探究任务。进入植物园学习之前，每个小组自行拟定研究内容和方法，在与其他小组的讨论和老师的指导下最终汇总成一份研究方案。探究过程中涉及的技能有很多，如观察、分析、设计和实验等，学生需自由地表达和探讨，培养团队合作意识和语言表达能力。当学生身临其境地感受自然所带来的那种美好时，更能够明白科学的本质，提升独立发现、思考和解决问题的能力。

由于小学生的智力发育水平和认知能力有限，教师要有针对性地对“研·科学”实践活动进行精心设计，保证科学实践学习活动可以取得良好效果。在设计活动内容时，首先要遵循兴趣这一原则，要以调动学生学习科学的兴趣为指导和支撑，确保活动顺序展开；其次是自主原则，要确保学生在参与活动时始终具备较强的自主性，能够自主探究和学习，教师不过多干涉和指导；最后是启发原则，在设置上注重提升学生的思维方式，促使其完善原有的知识结构和认知水平，最终达到科学研究的目的。

选取活动内容时要考虑到校外的学习资源问题，让学生在有效的资源中进行科学探究，而且要对不同年段提出不同程度的学习目标和要求。低年级学生年龄较小并且动手能力不足，主要任务是让学生对科学萌生兴趣，偶尔进行一些简单的科学小制作。中高年级的教育方向要随之发生改变，要求学生自主进行实践活动的设计，开发学生的思维，锻炼学生的合作能力。因此，“研・科学”实践学习试图回应以下两种核心素养。

其一，创新素养，包含创新人格、创新思维和创新实践，具体是指一个具有“创新”素养的个体能够利用相关信息和资源产生新颖且有价值的观点、方案、产品或成果。

其二，合作素养，包含愿景认同、责任分担和协商共进，具体是指学生个体能够在认同小组或团队目标的基础上，积极主动地承担分内职责，并本着互尊互助的原则，通过与团队其他成员间的平等协商，灵活地作出妥协，解决分歧或问题，实现共同目标，促进共同发展。

### （二）“研・科学”实践活动设计

根据各年级不同程度的学习目标，设计相对应的“研・科学”的学习内容和任务。由散聚焦，由浅入深，由表及里，不断提升学习创新能力和合作探究能力。

#### 1.“研・科学”的年级主题

“研・科学”的年级主题设计贴近学生的实际生活，从一年级的亲近自然开始，到寻访博物馆，再到解密科技馆的魅力，然后趣玩海洋公园、探秘西溪湿地，最后走进数智工厂，感受科技的发展。根据各年级学生不同的智力发育水平和认知水平，设计相应的具有探究价值、趣味性的科学实践学习活动。表 5-10 是一至六年级“研・科学”的主题及其内涵。

表 5-10 “研 · 科学”的年级主题及内涵

| 年级 | 主题 | 主题内涵 |
| --- | --- | --- |
| 一 | 亲近大自然 | 打卡杭州植物园、动物园等<br>近距离观察和研究动植物，学习相关知识，激发关爱自然的同理心 |
| 二 | 寻访博物馆 | 了解博物馆的基础知识<br>打卡浙江自然博物馆<br>探索神奇自然，感悟生命真谛 |
| 三 | 解密科技馆 | 打卡浙江省科技馆、中国杭州低碳科技馆<br>参与各场馆的科技体验活动，领略科技的魅力<br>通过严谨的科学实验，制作科学模型，验证猜想等，培养创新意识 |
| 四 | 趣玩海洋馆 | 了解海洋生物，激发关心海洋的热情<br>和家人一同游玩海洋公园，走进海底世界<br>增强保护海洋的意识和责任 |
| 五 | 探秘西溪湿地 | 了解湿地的生态保护知识、西溪湿地的动植物种类<br>打卡中国湿地博物馆，游览西溪国家湿地公园<br>通过自主制定探究方向、研究方法，形成完整的研究报告，完成系统性的科学研究 |
| 六 | 走进数智工厂 | 打卡先进的数智工厂<br>了解企业发展历程、产品的转型创新<br>感受大数据、人工智能、工业互联网等技术，体会科技的发展，激发科学梦想和科学志趣，增强科学精神和强国意识 |

### 2.“研 · 科学”项目实践学习结构

三年级的“研 · 科学”课程主要以科技馆为载体，让小学生经历一系列的科学探究活动是他们学习科学的重要方式，从而更好地培养学生的创新思维。当前科技馆面向小学生开展的探究活动，不只让小学生了解科学探究的具体方法和技能，帮助他们提高科学能力，形成科学态度，获得科学知识，更把创新思维能力的培养放在了重要位置。

（1）了解科技馆的相关知识

这部分主要是引导学生对科技馆的场馆特色、涉及的学科领域展开学习和研究，具体通过了解杭州的科技馆、科技馆的功能、展区设置、寻访路线、馆内体验项目等来帮助学生了解相关知识。

在走进科技馆之前做好充分的准备工作，让学生对接下来要进行的实践活动有一定的了解，学生提前自主安排好寻访的目的、重点及路线，这对于实践学习取得良好成效有莫大的帮助。

（2）打卡科技馆

这部分充分发挥杭州的科技馆资源优势，引导学生组成科技馆学习研究小组，走进杭州科技馆展开实地探究活动，增强其思维的韧性和敏感性，提高他们的创新思维能力。通过打卡浙江省科技馆和中国杭州低碳科技馆来丰富学生的社会实践。在杭州的各类博物馆中，浙江省科技馆一直是热门之选，馆内所含内容十分丰富，包含了许多亲身体验的项目，能够帮助学生全方位地了解相关的科学知识。而中国杭州低碳科技馆主题新颖、内涵丰富，学生能从中学习低碳知识，了解低碳生活、低碳城市、低碳经济的方方面面。

（3）实现探究与实践相结合的自主学习

探究与实践是科学学习的基本方式。学生在科技馆内学习，学习是基于直接经验的，是基于某一项展品或某一种体验生成的，相比平时的课堂学习，在科技馆这样开放多元的学习情境中，更有利于学生实施探究性、实践性的自主学习。以小组合作式研学、学科项目式研学、科技馆亲子研学等方式开展自主的研学活动，能够促使学生在亲身实践和操作中更好地学习、探究，更有效地满足学生求知的渴望。

### 3.“研・科学”实践活动

三年级的“研・科学”课程主要围绕“解密科技馆”展开，具体分为两个项目。

（1）“浙江省科技馆”实践学习

浙江省科技馆是全国科普教育基地和全国青少年科技教育基地。科技馆一至三层设有宇宙遨游、海底巡礼、气象万千、心理奥秘、能源之光、艺术与科学、畅享科学、科技与生活等常设展区，共200多件展品，既有数、理、化、天、地、生等基础科学原理内容，又涉及生命科学、环境科学、航天技术、能源技术等十几个学科领域知识。浙江省科技馆涉及的领域众多，该如何有效地进行实践学习呢？教师引导学生聚焦航天技术领域，旨在让他们了解中国航天历史，掌握基本航天知识，感受航天英雄的大无畏精神，树立正确的世界观、价值观和人生观。表5-11是“浙江省科技馆”实践学习操作指南。

表5-11 “浙江省科技馆”实践学习操作指南

<table>
<tr><th>建议时间：2小时</th><th>单元主题：解密科技馆</th><th>实践活动：打卡浙江省科技馆</th></tr>
<tr><td colspan="3">学习描述：参观浙江省科技馆，重点学习航天知识，体验航天科技</td></tr>
<tr><td colspan="2">主要关联素养：创新素养；合作素养</td><td>主要关联学科：语文、科学、数学、美术</td></tr>
<tr><td colspan="3">学习目标：<br>1. 提前了解浙江省科技馆的特色、规模、功能等基本知识<br>2. 参观浙江省科技馆，感受科技带来的非凡体验<br>3. 记录场馆内展示的航天工具，了解其基本构成，并制作一个简易模型<br>4. 以小组合作的方式在班级内对本次打卡的收获做一次汇报展示<br>5. 采用评价量表的方式，对所学内容、技能掌握情况以及个人表现进行客观记录</td></tr>
<tr><td colspan="3">材料准备：<br>教师：探秘足迹卡；评价量表<br>学生：相机；笔；本子</td></tr>
<tr><td colspan="3">学习结果表现方式：做一次汇报展示</td></tr>
<tr><td colspan="3">驱动性问题：<br>在浙江省科技馆内，展出的航天工具都有哪些？它们有什么显著的特征和独特作用？通过参观和体验，你对它们有什么新认识</td></tr>
</table>

**续　表**

| 实践学习步骤 | 教师支持 |
| --- | --- |
| 一、校内初探<br>进行前期准备，分小组讨论“打卡浙江省科技馆”这次实践学习我们最主要的任务是什么？我们可以做哪些前期工作？我需要合作分工完成哪些工作？可以通过网络、图书和周围的专业人士找到哪些资料？航天工具从最初到如今都经历了哪些变化？它们的造型和功能有了哪些改进？如何利用身边的常见材料制作一个简易的航天模型？在整个项目结束的时候，我们怎样展示小组学习成果 | 倡导学生积极提出问题，并引导他们审慎地对所提的问题进行筛选与梳理，以确立具有研究价值的问题 |
| 二、实地探索<br>组织各小组前往浙江省科技馆，专注于搜集与研究课题紧密相关的资料。随后，对收集到的资料进行严谨的分析、细致的整理以及综合归纳。在此基础上，结合实地体验，有序地开展探究活动。最后，详细填写研究单，记录整个研究过程及所得结论<br>1. 用“探秘任务单”评价学习过程<br>2. 用“探秘足迹卡”记录参观顺序<br>3. 用“探秘一瞬间”记录精彩瞬间 | 提供“探秘任务单”，记录各小组探秘的过程和表现 |
| 三、拓展深究<br>经过小组讨论与深入交流，整理出全面而详尽的成果。学生将所获得的知识及其重要性整理成书面报告，并且制作了 PPT、宣传画报以及航天模型等多种形式的汇报材料 | 在学生的学习进程中，根据其记录与深入研究的动态，适时地给予指导与介入，旨在提升其汇报内容的质量与深度 |
| 四、汇报交流<br>经过小组讨论与推选，特定人员将代表本小组在全体同学、指导老师、家长们以及特邀的科技馆工作人员的面前进行详尽的汇报与展示。如有展板、航天模型等成品材料也可在此时摆放 | 帮助一起布置展板和航天模型展览区，做好服务支持 |

续 表

| 实践学习评价 | | | |
|---|---|---|---|
| **评价内容** | **自评** | **互评** | **师评** |
| 为确保项目成果的质量，与团队成员保持紧密合作，共同为设计过程提供充分的准备 | | | |
| 具备独立思考与自主学习的能力，能够主动发现并提出问题，积极寻求解决方案 | | | |
| 经过精心设计和创新构思，最终成果全面满足了任务所需的所有条件，展现出卓越的品质 | | | |
| 《我的实践学习》成长档案材料收集：<br>1. 探秘任务单<br>2. 探秘足迹卡<br>3. 探秘一瞬间<br>4. 评价量表<br>5. 奖状<br>6. 汇报材料 | | | |

（2）“中国杭州低碳科技馆”实践学习

中国杭州低碳科技馆是全球第一家以低碳为主题的大型科技馆，是集低碳科技普及、绿色建筑展示、低碳学术交流和低碳信息传播等职能于一体的公益性科普教育机构，是公众特别是青少年了解低碳生活、低碳城市、低碳经济的“第二课堂”。

在实践学习中，学生需要通过参观低碳科技馆了解低碳科技与生活，知道如何有效地践行低碳生活。表 5-12 为“中国杭州低碳科技馆”实践学习操作指南。

表 5-12 “中国杭州低碳科技馆”实践学习操作指南

| **建议时间：2 小时** | **单元主题：解密科技馆** | **实践活动：中国杭州低碳科技馆** |
|---|---|---|
| 学习描述：参观中国杭州低碳科技馆，完成研究报告 | | |
| 主要关联素养：创新素养；合作素养 | | 主要关联学科：语文、科学、数学、美术 |
| 学习目标：<br>1. 了解低碳科技馆的各个展区，体验馆内各项实验<br>2. 了解二氧化碳的用途和危害，知道如何在生活中降低碳排放<br>3. 对比美好的现实生活和全球变暖后的灾难场景，意识到碳中和的必要性<br>4. 以小组合作的方式做一次成果展示<br>5. 能够利用评价量表评价自己和他人 | | |
| 材料准备：<br>教师：探秘足迹卡；评价量表<br>学生：相机；笔；本子 | | |
| 学习结果表现方式：汇报展示 | | |
| 驱动性问题：<br>什么是低碳？作为小学生应该如何做到低碳环保，并且尽可能地影响更多人来一同保护我们的生存环境 | | |
| **实践学习步骤** | | **教师支持** |
| 一、前期探访<br>在生活中记录破坏环境、不利于低碳环保的行为，与家人、同伴、老师等交流探讨后罗列出能够通过自身努力而改变的不良行为 | | 帮助学生了解低碳环保的概念，鼓励学生多与他人进行沟通，发现问题 |
| 二、制定计划<br>分小组讨论应聚焦的研究切入点，以回应核心驱动问题，并据此制定科学、系统的低碳科技馆实践学习计划 | | 教师参与各组学生的讨论，随机指导学生设计学习流程 |
| 三、有序探究<br>小组有序参观馆内展区，通过多种沉浸式体验，在活动中了解低碳知识，认识到节能减排的重要性<br>1. 用“探秘任务单”评价学习过程<br>2. 用“探秘足迹卡”记录参观顺序<br>3. 用“探秘一瞬间”记录精彩瞬间 | | 记录各小组参观的过程和表现 |

续 表

| | |
|---|---|
| 四、完成报告<br>各小组需依据在低碳科技馆中所获得的素材及自行搜集的相关资料完成详尽的研究报告 | 在学生的撰写过程中，根据学生的记录进行适时的指导，从而帮助学生更好地完成报告任务 |
| 五、班级展示<br>为确保每位学生的研究成果都能得到充分地展示，采用张贴的方式，在班级内部展示他们精心撰写的研究报告，由全班同学参观，并评选出“环保小卫士” | 在学生进行实地参观的过程中，指导学生深入研读报告，鼓励学生积极参与评选活动，推选出表现突出的“环保小卫士”，以表彰他们在环保行动中的优秀表现 |

**实践学习评价**

| 评价素养 | 评价项目 | 评价指标 | | |
|---|---|---|---|---|
| | | ★★★ | ★★ | ★ |
| 沟通素养 | 我会参与 | 积极参与讨论与交流 | 能参与讨论与交流 | 较少参与 |
| 合作素养 | 我会合作 | 在团队内部展现出卓越的沟通协作能力，与团队成员建立了良好的工作关系 | 做好协助工作，推动小组学习任务的完成，在组内有一定贡献 | 有参与讨论、协作，但是发挥的作用不大 |
| 审辩思维素养 | 我会探究 | 展现出旺盛的求知欲，持续地向学习领域提出问题，并与团队成员共同努力寻找解决方案 | 在面对与主题相关的问题时，能提出疑问，并进一步探究 | 能提出问题，但是不能对问题做进一步的思考 |
| 创新素养 | 我会创新 | 有明显的创新意识，观点具有合理性 | 在学习中有一定的创新意识 | 在学习中开始培养创新意识 |

《我的实践学习》成长档案材料收集：

1. 探秘任务单
2. 探秘足迹卡
3. 探秘一瞬间
4. 评价量表
5. 奖状
6. 研究报告

## （三）“研·科学”实践活动实施

实施“研·科学”实践活动需要教师为学生提供充分的社会实践空间，以促进学生对科学知识的探索与研究。注重从创新的角度出发，积极开展科学实践，才能为学生能好好学习打下坚实的基础。

### 1. 实践学习中的教师：巧妙设计，让问题驱动自主研究

实践活动的设计要贴近学生的生活。学生是探究的主体，是探究活动的实践者。教师要从学生感兴趣的内容入手，激发他们探究的欲望。在设计时应注意难易适度，考虑各个年龄段学生的接受能力，要在科学实践内容的基础上结合学生的特点设计问题，让学生带着问题进入科学实践活动当中。

针对二年级学生的学习特点和相关学科课程标准的年段要求，教师以“寻访博物馆”为主题，并结合学校儿童哲学课程探寻生命主题，根据学生学习能力分层鼓励学生选择难易程度不同的学习任务，尝试进行项目式学习，设计并实施有趣的任务单体验，试图在学习过程中激发学生探究问题的能力。

**例 5–10　寻访自然博物馆**

一进自然博物馆，孩子们的眼球便被一个巨大的动物化石吸引，经讲解员的介绍，孩子们了解到那是鲸的化石。讲解员带领孩子们进入地球生命故事馆、生物世界馆、绿色浙江和贝林馆等一一参观。借助标本模型，讲解员深入浅出、生动有趣的讲解深深地吸引着孩子们，大家聚精会神地仔细聆听，目不暇接地观看。

在参观中，孩子们需带上任务卡进行闯关。

（1）做大自然的孩子。我们都是大自然的孩子，要保护大自然母亲。经过一下午的寻访，你对保护大自然母亲是否又有了新的认识？

（2）动植物的小秘密。动植物们有许多小秘密，经过一个下午的探索，你发现了他们的哪些小秘密？

（3）生命漫思。关于生命这个话题，你一定有许多想问的吧？生命的起源是什么？植物也有生命吗？现存最古老的生命是什么？……

带着学校设计的闯关任务卡，孩子们以小组合作和自主探究的形式，主动发现问题，自主寻找答案，并在闯关任务卡上记录下自己的探索成果。孩子们在参观过程中，边听边记录，不放过任何“蛛丝马迹”，将自己新认识的动植物工整地书写记录在任务卡中。通过讲解员的问答环节、在场馆内亲身体验科学装置、近距离接触动植物标本，孩子们发散思维，尽情地感受自然科学的魅力。

这是学校借助博物馆丰富的馆藏资源，以“物”为载体，探索出的博物馆研学的新形式。在学习过程中，孩子们主动思考，发现问题，更好地激发了他们自身对自然科学的兴趣，提升了其自主探究和自我学习的能力。

### 2. 实践学习中的学生：合作探究，让沟通产生正面影响

实践过程中，为从整体上提升学生的探究能力，需要以学生为中心开展教学活动，而分小组进行科学实践能更好地帮助学生进行自主探究。小学生的思维能力和操作能力还在发展之中，在小组合作中，同伴间的沟通能够将一些浅显的问题直接消解，从而推动科学实践更好地开展。

“研 · 科学”就是要让学生亲身经历探究的过程，并且注重探究活动中的

交流，包括探究过程中的交流和探究结果的汇报交流。学生思维的碰撞，可能会激发很多生成性问题，有利于学生继续探究。

**例 5–11　探秘西溪湿地**

在参观游览西溪国家湿地公园之前，“萤火虫”小队事先确定以“西溪湿地植物生长情况”为研究主题，通过“头脑风暴”，提出了几个核心问题并合理分配小组成员分别调查西溪湿地内现有的几大类植物。组内成员带着问题进入园区进行调查。经过调查，他们发现西溪湿地水源较多，所以水生植物也较多，例如菖蒲、浮萍、荇菜、水葱等，陆生植物则次于水生植物。但是在调查中，琪琪多次走进草坪，小亮表示这样会毁坏园内植物，违背了科学调查的初衷。经过大家的讨论，得出可利用自拍杆来增加观察、拍摄范围，从而保护环境。

实践过程中，教师要注重转变教学思路，组织引导学生进行合作探究，按照步骤进行操作，并从实践操作中总结经验，这样的方式能够有效地提升学生的探究能力和实践水平。

### 3. 实践学习中的家长：亲子联结，让情感催化学习效果

诚然，情感的调节能够对学习起到良好的促进作用。学生拥有良好的情感体验便能够积极影响自身认知的发展。因此，教师应更加关注学生的情感体验是否充足，通过撰写活动感悟、交流汇报或制作小报手册等形式来关注学生在学评活动中的真实感受和个人成长，也可以在设计活动时考虑家长因素，让家长能够参与其中，设计家庭合作完成式任务，增加学生亲子活动经验，促进学生与家长的情感交流。

学生的部分科学实践活动要在家里进行，比如种植花草、养小动物，以及一些小实验和小制作，这时就需要家长的理解和支持，主动为孩子的实践活动提供相应的材料和必要的帮助。此外，家长的工作单位也可作为孩子的学习资源，比如有些家长在科技园、气象站、污水处理部门等，可以带领学生们进行实地参观考察。因此，充分利用家长的资源和力量来开展“研·科学”实践学习活动，可以让活动变得更有实效性，也更具情感性。

## 四、全域实践之四：溯·艺术

“兴于诗，立于礼，成于乐”，荀子认为“乐者，圣人之所乐也，而可以善民心”，艺术教育不仅感人至深，而且可以“移风易俗”。随着素质教育的推进，艺术实践在提高学生对美的感受和理解方面有着不可替代的作用。教师要有意识地提升自身的专业教学水平，家长要更积极地参与到学生的实践学习中去，学生要发挥自身主观能动性，形成教育培养合力。

### （一）“溯·艺术”实践活动概述

“溯·艺术”是一项艺术实践活动，是课堂教学延伸及拓展的重要空间。它具有其他任何教学形式所不能替代的功能和作用，是提高学生艺术素质，增强其艺术实践能力的一个重要环节。同时“溯·艺术”实践活动也是指导学生理论联系实际，培养学生综合素质与创新意识的重要途径。

“在老师的带领下，我参观了杭州越剧团，知道了许多关于越剧的知识。在杭州越剧团我穿上了他们表演时的服装，跟着老师学习了越剧特有的动作，还观看了杭州越剧团表演的越剧《秦香莲》，这是我第一次这么近距离感受越剧真的太有意思了，我也要好好学习越剧，把传统文化更好地传承下去。”这是一位同学在参观完杭州越剧团之后的感受。在自媒体与短视频日益流行的今天，越剧逐渐小众化与边缘化，很多人的兴趣都集中在电子产品以及手机上，而对中国传统戏曲知识却知之甚少，在日常的生活中能接触到中国传统戏曲的机会也不多，学校希望通过这次学习，学生能够感受传统文化的熏陶，提高艺术鉴赏能力，培养兴趣爱好，感受越剧的魅力。

越剧作为一项传统的民间文化艺术，承载着特有的使命与意义，在这项艺术实践过程中，学生通过观看、沟通、交流、学习、体验、实践、感悟等方式探寻越剧文化的历史演变与传承发展，了解越剧表演的现状。走进杭州越剧团，可让学生加深对传统文化的重视程度，一定程度上可唤醒学生保护传统文化的意识。

在这项艺术实践过程中，学生需要以个人或者小组合作中的形式完成各项艺术探究任务。例如，在进入杭州越剧团学习之前，每个人或者小组先自行拟定研究内容和方法，在老师的指导下确定研究方案。在研究的过程中，学生通过观看、交流、体验等方式，培养自身的语言表达、艺术鉴赏、团队合作等意识和能力，当学生沉浸在越剧带来的美感中时，便能够明白艺术本身的魅力，进而提升其发现美、感知美的能力。

“溯·艺术”的实践不单纯是机械地对理论知识的运用，或者对专业技能的反复熟练，而是必须进入到社会生活中，带着一种对艺术的审美，用视觉、形式的思考去观察现实生活中的人、物、事件冲突等。学生要动态地了解艺术的常识、美学的原理、专业技巧并要不断挖掘自身的各种精神体验和创造力，通过各种方法和媒介加以表现。在艺术实践中，教师要引导学生在生活中感知美、感知艺术，特别需要通过艺术实践从各方面用多样化的形式创造和表现生活。

“溯·艺术”的实践学习途径有哪些？学校首先要搭建校内展示平台，充分利用六一儿童节、校园文化艺术节、庆元旦才艺展示和迎新会等平台，让学生有机会进行艺术成果的展示。其次要联合社区搭建基地平台，与社区联合，让学生在开放的课堂上展示才艺，并进行研究性学习，从而加强艺术实践与其他学科的整合，加大艺术与学习生活的联系，更多发挥了社区平台的作用。最后要鼓励学生利用社会活动平台，利用假期走进艺术博物馆，开展深度研学活动，通过小报汇报、作品展示等形式展示艺术成果。

所以，“溯·艺术”实践重要的是对学生审美感知、艺术表现、创意实践和文化理解的培养。

其一，审美感知，就是对自然世界、社会生活和艺术作品中美的特征及其意义与作用的发现、感受、认识和反应能力。审美感知具体指向审美对象富有意味的表现特征，以及艺术活动与作品中的艺术语言、艺术形象、风格意蕴、情感表达等。审美感知的培育有助于学生发现美、感知美，丰富审美体验，提升审美情趣。

其二，艺术表现，就是在艺术活动中创造艺术形象、表达思想感情、展现艺术美感的实践能力。艺术表现包括艺术活动中联想和想象的发挥，表现手段与方法的选择，媒介、技术和艺术语言的运用，以及情感的沟通和思想的交流。艺术表现的培育有助于学生掌握艺术表现的技能，认识艺术与生活的广泛联系，增强形象思维能力，涵养热爱生命和生活的态度。

其三，创意实践，就是综合运用多学科知识，紧密联系现实生活，进行艺术创新和实际应用的能力。创意实践包括营造氛围，激发灵感，对创作的过程和方法进行探究与实验，从而生成独特的想法并转化为艺术成果。创意实践的培育有助于学生形成创新意识，提高艺术实践能力和创造能力，增强团队精神。

其四，文化理解，就是对特定文化情境中艺术作品人文内涵的感悟、领会、阐释能力。文化理解包括感悟艺术活动、艺术作品所反映的文化内涵，领会艺术对文化发展的贡献和价值，阐释艺术与文化之间的关系。文化理解的培育有助于学生在艺术活动中形成正确的历史观、民族观、国家观、文化观，尊重文化多样性，增强文化自信。

## （二）“溯 · 艺术”实践活动设计

艺术学科是实践性很强的学科，它直接作用于人的视觉、听觉等，是一种由感官接受而直抵心灵深处的教学活动。因此，艺术学科的教学过程具有很强的参与特征，其技术技巧的掌握是一个需要反复练习、熟能生巧的过程。各年段学生的知识储备和能力水平各有差异，艺术学习也要经历从认知到实践再到新的认知的一个螺旋递进的过程。

### 1.“溯 · 艺术”的年段主题

“溯 · 艺术”的年级主题设计从低段的打卡一些艺术博物馆开始，到中段的赓续红色基因，再到高段的举办艺术展览，学校教师结合各个年段学生的不同身心发展特征，设计了贴近主题、形式各异的实践学习活动。表 5–13 为各个年段“溯 · 艺术”的主题及其内涵。

表 5–13 “溯 · 艺术”的年级主题及内涵

| 年段 | 主题 | 主题内涵 |
| --- | --- | --- |
| 低段 | 传统文化艺术 | 打卡中国扇博物馆、中国印学博物馆、中国丝绸博物馆、杭州越剧团、中国伞博物馆、韩美林博物馆等<br>通过剪纸、书画、拓印、篆刻、手工、扎染等形式感受传统文化的魅力，做一名传统文化传承人 |
| 中段 | 红色经典文化 | 打卡杭州博物馆、中国京杭大运河博物馆、浙江革命烈士纪念馆、毛主席视察小营巷纪念馆等<br>通过唱红色歌曲、讲红色故事、演红色人物，传承红色基因 |

续 表

| 年段 | 主题 | 主题内涵 |
| --- | --- | --- |
| 高段 | 畅想未来 | 打卡杭州低碳博物馆、浙江自然博物馆、中国湿地博物馆、浙江省科技馆等<br>通过举办绘画展、摄影展、手工展感受时代的变迁并展望未来美好生活 |

### 2.“溯·艺术”项目实践学习结构

小学低段的“溯·艺术”课程以博物馆为载体，让学生体验一系列艺术探究活动是他们了解艺术的重要方式，在艺术博物馆中开展艺术实践活动，能够更好地培养学生的审美感知和创新思维。学生不仅可以获取艺术知识，更能身临其境地感受艺术的魅力。

（1）了解艺术博物馆的相关知识

这部分主要是引导学生对艺术博物馆的场馆特色、涉及的学科领域展开学习和研究，具体通过了解杭州的艺术博物馆，包括其特色、功能、寻访路线、体验项目等帮助学生了解艺术博物馆的相关知识。

（2）打卡杭州艺术类博物馆

这部分充分发挥杭州艺术博物馆的资源优势，引导学生在艺术博物馆中进行学习、研究、体验，培养学生的审美感知、艺术表现、创意实践、文化理解等能力。例如，通过打卡中国扇博物馆、中国印学博物馆、中国丝绸博物馆、杭州越剧团、中国伞博物馆、韩美林博物馆等艺术博物馆丰富学生的社会实践和体验活动。

（3）举办传统文化艺术展演

这部分是学生在参观完博物馆后的物化成果展示，旨在让学生在展示过程中更好地传递传统艺术文化。举办美术展、音乐会、书画展、戏剧沙龙等传统文化艺术展演活动能够让学生更好地发挥自主性，呈现出精彩的艺术作品。

### 3.“溯·艺术”实践活动

小学低段的“溯·艺术”活动主要围绕传统文化艺术展开，具体分为两个项目。

（1）“中国扇博物馆”实践学习

中国扇博物馆位于浙江省杭州市拱宸桥桥西历史文化街区。主要功能为宣传和弘扬我国悠久的制扇技艺，发掘和保护传统手工艺，同时兼顾展示和收藏，是集收藏、研究、展示、教育、宣传、娱乐、购物等功能于一体的具有专业特色、杭州特色、运河特色的平民化国家级博物馆。那么，如何进行有效的实践学习呢？这次实践学习重点除了让学生了解扇子的引风纳凉功能之外，还与社会政治、民俗习惯、艺术创作有着密切的关系。表 5-14 是“中国扇博物馆”实践学习操作指南，旨在让学生了解中国扇文化知识，感受中国传统文化的魅力，增强民族自信。

表 5-14 “中国扇博物馆”实践学习操作指南

| **建议时间：3 小时** | **单元主题：传统文化艺术** | **实践活动：打卡中国扇博物馆** |
|---|---|---|
| 学习描述：参观中国扇博物馆，学习扇子的发展历史、文化内涵，礼仪风俗；探究不同类型的扇子的制作工艺的异同；体验制作团扇 | | |
| 主要关联素养：审美素养；艺术表现素养；创新实践素养；文化理解素养 | | 主要关联学科：语文、美术 |

续 表

| 学习目标：<br>1. 提前了解中国扇博物馆的特色、规模、功能等基本知识<br>2. 参观中国扇博物馆，感受扇文化的博大精深<br>3. 记录场馆内展示的扇子种类，了解其基本构成，并制作一把团扇<br>4. 以小组合作的方式在班级内对本次打卡的收获做一次汇报展示<br>5. 通过评价量表的方式，详细记录并总结学习过程中的收获，并针对其中需要改进的部分进行深入反思 | |
|---|---|
| 材料准备：<br>教师：探秘足迹卡；评价量表<br>学生：相机；笔；本子 | |
| 学习结果表现方式：汇报展示 | |
| 驱动性问题：<br>在中国扇博物馆内，展出的扇子种类都有哪些？它们有什么显著特征和独特作用？通过参观和体验，你对它们有什么新认识 | |
| **实践学习步骤** | **教师支持** |
| 一、校内初探<br>进行前期准备，分小组讨论“参观中国扇博物馆”这项实践学习最主要的任务是什么？我们可以做哪些前期工作？需要合作分工完成哪些工作？可以通过网络、图书和周围的专业人士找到哪些资料？扇子在不同的时期都有哪些种类？长柄扇是怎么演变成现代折扇的？团扇又是从哪个朝代开始出现的？从最初到如今它们的造型和功能有了哪些改进？如何制作一把精美的团扇？在整个项目结束的时候，我们怎样展示小组学习成果 | 指导学生制订详细的研究计划，包括研究目标、方法、步骤等，以确保研究的顺利进行 |
| 二、实地探索<br>组织各小组前往中国扇博物馆，深入搜集和整理与研究课题紧密相关的资料。随后，对所搜集的资料进行系统性地分析和综合，确保信息的准确性和完整性。同时，实地体验扇博物馆的文化氛围，有序开展探究活动，并结合实际填写研究表单，确保研究过程的严谨性和科学性<br>1. 用“探秘任务单”评价学习过程<br>2. 用“探秘足迹卡”记录参观顺序<br>3. 用“探秘一瞬间”记录精彩瞬间 | 提供“探秘任务单”，记录各小组探秘的过程和表现 |

续　表

| | |
|---|---|
| 三、拓展探究<br>分小组交流探讨，形成较完整的小组成果：将在中国扇博物馆所学到的知识内容及制作的精美团扇，进行展示 | 在学生探究过程中，根据其记录和探究的进展，适时介入并提供指导，以助力其提升学习的质量 |
| 四、汇报交流<br>经过小组成员的认真讨论和推选，指派成员向师生及特别邀请的中国扇博物馆工作人员进行正式的汇报展示。并学习赠扇礼仪，践行赠扇仪式 | 教师讲述赠扇的起源与发展，做好服务工作 |

**实践学习评价**

| 评价内容 | 自评 | 互评 | 师评 |
|---|---|---|---|
| 与团队成员紧密协作，为最终成果的形成做充分的准备 | | | |
| 具备独立思考与自主学习的能力，善于主动发现问题并提出疑问，积极寻求解决问题的途径 | | | |
| 经过精心设计与创新思考，最终成果全面满足任务所需各项条件，展现出卓越的品质与价值 | | | |

我的收获：

我还需要努力的是：

《我的实践学习》成长档案材料收集：
1. 探秘任务单
2. 探秘足迹卡
3. 探秘一瞬间
4. 评价量表
5. 奖状
6. 汇报材料

（2）“中国印学博物馆”实践学习

中国印学博物馆是由西泠印社筹建的我国第一座集文献收藏、文物展示和学术交流于一体的印学专业博物馆，坐落于杭州市西湖区孤山后山路 10 号。

浓郁的学术氛围和宜人的自然风光相融合，使之成为一座国家级的园林式博物馆。

在这次实践学习中，学生需要通过参观中国印学博物馆了解我国印章与印学形成和发展的历史，欣赏不同流派的篆刻艺术，收获不一样的审美愉悦和艺术享受。表 5-15 为“中国印学博物馆”实践学习操作指南。

表 5-15 “中国印学博物馆”实践学习操作指南

<table>
<tr><th>建议时间：2 小时</th><th>单元主题：传统文化艺术</th><th>实践活动：中国印学博物馆</th></tr>
<tr><td colspan="3">学习描述：参观中国印学博物馆，了解篆刻艺术的发展，体会印章之美</td></tr>
<tr><td colspan="2">主要关联素养：审美素养；艺术表现素养；创意素养；文化理解素养</td><td>主要关联学科：语文、书法、美术</td></tr>
<tr><td colspan="3">学习目标：<br>1. 了解中国印学博物馆的各个展区，知道印学发展的过程以及名人名家<br>2. 了解印章的由来、特点和用途，学会制作一个最基本的印章<br>3. 能用自己的语言介绍印章作品。提高对传统文化的学习兴趣，锻炼发现美、表达美和创造美的综合美术能力<br>4. 以小组合作的方式做一次成果展示<br>5. 能够利用评价量表评价自己和他人</td></tr>
<tr><td colspan="3">材料准备：<br>教师：探秘足迹卡；评价量表<br>学生：相机；笔；本子</td></tr>
<tr><td colspan="3">学习结果表现方式：汇报展示</td></tr>
<tr><td colspan="3">驱动性问题：<br>在中国印学博物馆内，通过参观和体验，你对篆刻艺术有什么新认识</td></tr>
<tr><th colspan="2">实践学习步骤</th><th>教师支持</th></tr>
<tr><td colspan="2">一、前期探访<br>通过查找资料和现场初探，了解中国印学博物馆中篆刻艺术的发展，激发对篆刻艺术的兴趣</td><td>帮助学生了解中国印学博物馆的发展历史，鼓励学生多与他人进行沟通，发现问题</td></tr>
<tr><td colspan="2">二、制定计划<br>经过充分讨论，各小组须确定研究方向，以深入探讨驱动性问题，并据此制定中国印学博物馆的实践学习计划</td><td>教师参与各组学生的讨论，随机指导学生设计学习流程</td></tr>
</table>

续　表

| | |
|---|---|
| 三、有序探究<br>小组有序参观馆内展区，通过多种沉浸式体验，在活动中了解印章是一种雕刻和书法融合的艺术，是和中国书法、绘画密不可分的艺术样式<br>1. 用“探秘任务单”评价学习过程<br>2. 用“探秘足迹卡”记录参观顺序<br>3. 用“探秘一瞬间”记录精彩瞬间 | 记录各小组参观的过程和表现 |
| 四、完成报告<br>每个小组根据在中国印学博物馆得到的素材以及查找到的资料在规定的时间内完成研究报告 | 密切关注并记录其学习进度，必要时提供帮助，以确保其汇报内容的准确性和完整性 |
| 五、班级展示<br>由小组推选人员进行汇报展示，用自己的语言介绍自己制作的印章作品。深化对传统文化的理解与欣赏，提升自己的艺术修养与创造力 | 在学生参观的过程中，引导学生仔细研读报告，做好服务支持 |

**实践学习评价**

| 评价素养 | 评价项目 | 评价指标 | | |
|---|---|---|---|---|
| | | ★★★ | ★★ | ★ |
| 沟通素养 | 我会参与 | 积极参与讨论与交流 | 能参与讨论与交流 | 较少参与 |
| 合作素养 | 我会合作 | 在团队中，能够与队员保持良好的沟通与合作，展现出较强的领导力，能够给出建设性的建议，为团队的共同目标作出了显著的努力 | 做好协助工作，推动小组学习任务的完成，在组内有一定的贡献 | 有参与讨论、协作，但是发挥的作用不大 |
| 审辩思维素养 | 我会探究 | 拥有强烈的求知欲，始终保持学习的热情和好奇心，积极向组员提出与学习相关的问题，并与组员共同努力寻找并解决问题 | 在面对与主题相关的挑战时，能够提出关键问题，并积极讨论以寻求有效的解决方案 | 能提出问题，但是不能对问题做进一步的思考 |
| 创新素养 | 我会创新 | 有明显的创新意识，观点具有合理性 | 学习中有一定的创新意识 | 在学习中开始培养创新意识 |

续 表

| 《我的实践学习》成长档案材料收集：<br>1. 探秘任务单<br>2. 探秘足迹卡<br>3. 探秘一瞬间<br>4. 评价量表<br>5. 奖状<br>6. 研究报告 |
|---|

## （三）“溯·艺术”实践活动实施

学校始终坚持以发展为导向，深入推进艺术实践活动，为学生的全面发展提供坚实的支撑。在“溯·艺术”实践活动中，教师需要为学生提供充分的社会实践空间，以促进学生对艺术知识的感知与探究。

### 1. 实践学习中的教师：激发兴趣，培养艺术修养

艺术思维是需要激发的，小学生正处于思维活跃期，实践活动设计要贴近学生生活。教师是实践学习的主体，对结果起主导作用。教师要善于调动学生的积极性，激发他们探究的欲望。在设计时应注意难易适度，考虑各个年龄段学生的接受能力，让学生感受到艺术实践和提升美育之间的联系，拓宽认知。以“传统文化”为主题，结合学校书法特色，针对低段学生的学习特点以及相关学科课程标准的年段要求，我们采用项目式学习的方式，设计并实施了一系列有趣的任务单体验。根据学生的学习能力进行分层，为其选择了难易程度不同的学习任务，旨在激发学生在学习过程中探究问题的能力和艺术表现能力，并进一步提升学生的学习效果，培养他们对传统文化的兴趣与热爱。

### 例 5-12 童心向党——唱支红歌给党听

2021 年是中国共产党成立 100 周年，学校为了引导学生以美好的童声抒发爱国爱党爱家乡之情，展现学校“悦少年”积极向上、健康快乐成长的精神风貌，举办了“童心向党——唱支红歌给党听”活动。

阶段 1：视频评比

音乐组老师通过广播、家长微信群、制作画册宣传等途径，重点在艺术社团开展宣传，让全校师生以及家长关注比赛。过程中，学校音乐老师放弃休息时间，对报名参赛学生进行指导，从基本功到歌唱技巧都倾囊相授，最终学校共收到百余件参赛作品，并由音乐老师评选出 15 名学生进入第二阶段——现场演唱，角逐一二等奖。

阶段 2：现场评比

15 名选手毫不怯场，热情歌唱。《没有共产党就没有新中国》《我和我的祖国》《祖国祖国我们爱你》等一首首脍炙人口的红歌唱出了新时代的少年热爱生活、懂得感恩的精神风貌。

评委里，不仅有老师也有学生代表，学校其他学生也作为观众全员参与，积极投票支持自己喜欢的歌曲和歌手。在这场红色音乐会中，参赛选手提高了歌唱技能，做了实践展演，但更重要的是通过歌声让学生回想先辈们曾经战火纷飞的峥嵘岁月，从中汲取革命的精神力量。

这是学校借助音乐会的形式，以歌教学，这次音乐会在校园内演出，所以除了给参赛学生带来了影响，同时也对未参赛学生和老师有重要的意义。作为学生，大家看到自己的同龄人有着娴熟的演奏技巧，在一定意义上有促进学生关注自身艺术专业技能学习的作用。音乐会结束后，一名学生在访谈中说道："我觉得整场音乐会下来很震撼，台上这么小的小朋友能有这么精彩的演出，我需要向他们学习。"还有一位老师这样说："在中国共产党成立100周年，红歌表演这样新颖独特的方式使我们的思想得到了洗礼，更容易让我们回忆起过去战火纷飞的年代，勉励我们不忘历史，珍惜幸福生活。同时也提醒我们，在日常的教学工作中，除了课本知识也需要时常教育学生不忘初心，铭记历史，知晓幸福生活来之不易，向伟大的英雄致敬，将民族自豪感和爱国主义精神代代相传，这场音乐会达到了爱国主义教育的目的。"

### 2. 实践学习中的学生：学生本位，增强自信

随着素质教育的不断普及与深入，学生在教学中的地位逐渐被重视起来。实践学习过程中，我们需要坚持以学生为中心开展教学活动。一是示范教学，小学生的模仿能力很强，在艺术实践的过程中，可以由教师选择简单的作品片段进行演示，引导学生从模仿开始逐渐掌握其中的艺术技巧，为后续的深入学习打好基础。二是实践内容由浅入深，先简单后复杂，要和小学生的智力发展水平相适应。三是自主学习，建立艺术实践小组，发挥学习能力较强学生的引领作用，增强学生自主解决问题的信心，从而推动艺术实践更好地开展。

### 3. 实践学习中的家长：树立榜样，营造艺术氛围

亚里士多德说："家庭是为了满足人们日常需要而自然形成的共同体。"从教育的角度来看，人是家庭的产物，家是由人构成的，家庭对人的教育早于学校等机构的教育。家长要树立科学的教育观，遵循教育规律和成长规律，根据孩子的个性特点和自身发展水平给予孩子适当的教育期待，要认识并尊重孩子的个体差异，除了学科学习外，还要利用身边的资源、平台充分挖掘

孩子在艺术、体育等多方面的潜能。例如，积极支持学生参与学校艺术类社团活动，鼓励学生培养其在音乐、美术等方面的兴趣爱好，邀请身边有艺术特长的朋友与学生沟通交流等。

# 后　记

春芽实验学校成立于 1995 年，是杭州市上城区内一所小规模的学校。学校秉持“快乐学习 健康成长”的办学理念，以“悦”为文化核心，制定了“创建城市小型学校小而优的现代化教育新样态，办一所老百姓家门口的高品质学校”的办学愿景。

近年来，在华东师范大学专家团队的指导下，学校按照锚定的前进方向，努力践行“实践育人”的理念，促进育人理念和育人模式的创新变革。学校引领学生从学科世界走向生活世界，在真实丰富的情境下，孩子们一起欢度缤纷柚子节，乐于耕种咿芽农场，期盼铜奖挑战营，品味儿童哲学日，探秘杭城博物馆，体验亲情实践营，悦享每一个美好的明天。

2023 年 4 月，由杭州春芽实验学校发起的“高质量实践育人学校联盟”正式成立。联盟旨在促进联盟校之间的协同发展，推进理论与实践的积极对话，发挥实践育人在学校发展中的综合效应，为联盟校教育教学改进提供新思路新经验，为学校实践育人提供新范式。迄今为止，已经有浙江省内 20 所学校主动加入。

近年来，杭州春芽实验学校一直致力于“素养本位的小学生实践学习新样态研究”。这本书既是理论与实践相结合的产物，也是集体智慧的结晶。全书由胡旭东拟定框架，冯愉佳、胡旭东撰写第一章，许蕾、葛夏如、黄蔷薇、叶彬彬撰写第二章，杨蔚、来春红、吴卓琳、言劼撰写第三章，王卉、孙蓓蓓、宋师慧撰写第四章，倪婷、颜莎、吴红芳、张烨撰写第五章；全书由胡旭东统稿。

本书在杭州市上城区教育局党委书记、局长项海刚先生、上城区凯旋教育集团理事长严国忠先生的领导与关心下完成。在写作过程中，我们还得到了华东师范大学李政涛教授、浙江省教育考试院评估部主任张丰先生、《浙江教育报》高级编审言宏女士的悉心指导。杭州师范大学王凯教授参与审定了全书框架，并参与了部分内容的撰写。

在此，对所有关心、关注学校研究与写作的领导和专家表达最深的谢意！特别感谢杭州师范大学王凯教授对本书编写工作的多次指导和热情鼓励，感谢参与编写的各位老师和其他参与研究的春芽同仁！

胡旭东

2025 年 4 月